<u>سلسلة دراسات إسلامية (٦)</u>

حقوق الـمرأة

في الإسلام والقانون الدولي

بسم الله الرحمن الرحيم

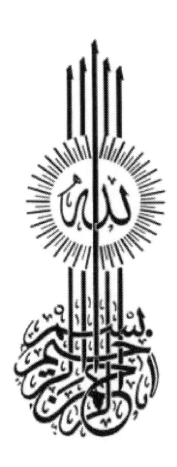

سلسلة دراسات إسلامية (٦)

حـــــقـــوق الـــمـــرأة
في الإسلام والقانون الدولي

إعداد الأستاذ الدكتور:

محمد حسن أبو يحيى

أستاذ الفقه المقارن - قسم الفقه وأصوله

كلية الشريعة – الجامعة الأردنية

والعميد السابق لكليتي:

الشريعة – الجامعة الأردنية

والدعوة وأصول الدين – جامعة البلقاء التطبيقية

١٤٣٢ هـ / ٢٠١١ م

دار يافا العلمية للنشر والتوزيع

٢١٨.٢

أبو يحيى، محمد حسن

دور الأسرة في منع الإعاقة ورعاية ذوي الاحتياجات الخاصة في الإسلام/ محمد حسن أبو

يحيى._ عمان:دار يافا العلمية للنشر والتوزيع،٢٠١٠.

(   ) ص .-(سلسلة دراسات إسلامية،٩)

ر.إ: ٢٠١٠/٤/١٣١١

الواصفات:/الأسرة //العلاقات بين الأفراد/رعاية المعوقين//الإعاقة/

*تم إعداد بيانات الفهرسة الأولية من قبل دائرة
المكتبة الوطنية

الطبعــــــة الأولــــــى : ١٤٣٢ هـ / ٢٠١١ م

دار يــافــا العلمية للنشر والتوزيع
الأردن – عمان – تلفاكس ٤٧٧٨٧٧٠ ٦ ٠٠٩٦٢
ص.ب ٥٢٠٦٥١ عمان ١١١٥٢ الأردن
E-mail: dar_yafa @yahoo.com

قُدِم هذا البحث إلى المؤتمر العلمي الرابع

" رعاية الإسلام لذوي الاحتياجات الخاصة"

كلية الشريعة – جامعة جرش الأهلية.

٢٩-٣١ تشرين أول ٢٠٠٢م

المقدمـــة

الحمد لله رب العالمين والصلاة والسلام على أشرف المرسلين سيدنا وحبيبنا محمد محمد صلى الله عليه وسلم وعلى آله وصحبه وسلم تسليماً كثيراً، وبعد:

فإن حقوق الإنسان لم تكن وليدة النظريات الحديثة فحسب بل كانت قائمة منذ خلق الإنسان على الأرض وقد شغلت الفلاسفة والمفكرين منذ القدم ٠

كذلك فإن الأديان السماوية السابقة على الإسلام قد عرفت هذه الحقوق، واهتمت بها، لكن المهتمين بحقوق الإنسان منهم من جعل أساسها يرجع إلى المنطق، ومنهم جعل ذلك قائماً على أساس الواقع، ثم تطورت هذه الحقوق شيئاً فشيئاً بتطور المجتمعات وتكوين الدول، ووقوع الكوارث والمشاكل، فكلما اكتوى الناس بنارها، كلما دعت الحاجة إلى إبراز هذه الحقوق في الدساتير، ونادى المفكرون والمثقفون بها وطالبوا بإقرارها وتطبيقها ٠

وبما أن الأفراد هم أساس المجتمع، وهم أصحاب الحقوق والواجبات، والدول هي التي تنشئ هذه الحقوق والواجبات وتعمل بها بناء على مصلحة الأفراد والدول، فإن هذه الحقوق والواجبات تأتي نتيجة منطقية لوجود هؤلاء على قول من يرى أن هذه الحقوق منحة من الطبيعة، وهم أصحاب نظرية الحقوق الطبيعية، أو منحة من الخالق وهم أصحاب نظرية الحقوق الإلهية ٠

"وقد نشأ عن تنازع هاتين الفكرتين مذهبان: أحدهما يقول بإطلاق سلطة الدولة الممثل بشخص فرد أو حزب واحد، والآخر يقول بتقييد سلطة الدولة برقابة الشعب وممارسته لهذه السلطة عن طريق ممثليه ٠

"والفارق بينهما: أن المذهب الأول: يرى أن أساس هذه الحقوق هو العدل، وواجب على الدولة توفيره بين الناس٠ والمذهب الآخر: يرى أن أساس هذه الحقوق هو الحرية وأن الإنسان إذا قيدت حريته فلا يمكنه أن يشعر

بشخصيته الإنسانية٠ ولا بد حينئذ من تحقيق العدل والحرية معاً، فهو بالعدل يستطيع أن يأمن شر العوز والفاقة، وهو بالحرية يستطيع أن ينتقل إلى عالم أفضل[1].

ونظرة الإسلام في تقرير حقوق الإنسان وفي حمايتها، تقوم على أساس الإيمان بقوة الله، وقد جعل الإسلام العقل كاشفاً لهذه القدرة وجعل القلب مستودعاً لمعانيها ، فالإيمان هو الحصن الأمين لحقوق الإنسان وبه يتساوى الحاكم والمحكوم في الخضوع للخالق، فيتقيد كل منهما بحقوقه ويلتزم بواجباته، وبذلك تزول فوارق القوة بجميع مظاهرها المادية والمعنوية ولا تستخدم إلا لحماية حق، أو القيام بواجبها، وبالخضوع إلى الله والإيمان بقدرته، تحرر الإنسان من عبادة الإنسان، واعتبر الظلم قسراً على الخضوع لغير الله، فأذن للمظلوم أن يثور على الظلم، لأن في الثورة عليه تصحيحاً لإيمان الظالم ٠

"ومعيار الإسلام يختلف في حدوده ومفهومه عن معيار النظريات الوضعية، فالإنسان في مفهوم هذه النظريات هو من خلق الطبيعة، وقد منحه حقوقاً أساسية يجب على المجتمع أن يحترمها وأن يصونها، والطبيعة في نظرها قدرة صماء مجردة عن الإدراك وعاجزة عن كبح جماح الأهواء والشهوات، ومن أجل ذلك بقي العقل وحده هو المتسلط تقوده الأهواء بما يشتهي، ومن هنا قامت الضرورة لوضع قواعد أخلاقية، إلا أنها عاجزة عن التغلب على سلطان العقل المتحكم بقدرته المطلقة، وبقيت القوة وحدها هي المعيار الأصيل في كل نزاع والمهيمنة على أقدار الأفراد والشعوب، وأصبحت حقوق الإنسان في الحياة والحرية والمساواة شعارات ينادى بها في أعقاب المآسي التي تهز الضمير ولا توقظه ٠

---

(1) حقوق الإنسان في نظر الشريعة الإسلامية، عبدالسلام الترمانيني، الطبعة الثانية، ١٩٧٦م دار الكتاب الجديد، بيروت، ص١٤-١٦ ٠

"وعلى هذا الأساس اختلف مفهوم الدولة في الإسلام عن مفهومها في النظريات الوضعية، فمفهوم الدولة في الإسلام مستمد من مفهوم الإيمان بالله وهو مفهوم واحد يشمل الأفراد والمجتمع والدولة ويشمل الحاكم والمحكوم ٠

"ومن ثم نرى أن طبيعة السلطة في الإسلام تختلف عن طبيعة السلطة التي قررتها النظريات الدستورية فالحكم في الإسلام ليس ديكتاتورياً يستقل به فرد، أو مجموعة من الأفراد، وليس ديموقراطياً بحتاً كما تنادي به النظم الوضعية حالياً بمعنى أن الشعب يقرر ما يشاء، وإنما هو نمط فريد مستمد من طبيعة الإيمان المستقر في الضمير، فهو في الحقيقة سلوك مفروض على الحاكم والمحكوم، مستمد من العقل المؤمن، ليكون محققاً لمصالح الفرد والمجتمع، ومن أجل ذلك لا يمكن التفريق في الإسلام بين حقوق الحاكم وحقوق المحكوم إلا من حيث توزيع السلطة التي يقتضيها تنظيم الدولة ٠ [1]

وبناء على ذلك نرى اختلافاً بيّناً في طبيعة حقوق الإنسان وواجباته في الإسلام عنها في المذهب والنظريات الوضعية ومرد ذلك إلى الاختلاف في مصادر هذه الحقوق والواجبات.

وصاحب هذه الحقوق والواجبات: الرجل والمرأة والطفل، وبما أن البحث يدور حول حقوق المرأة في الإسلام والقانون الدولي، فإن الذي يقتضيه المقام هو الحديث عن ذلك في هذين النظامين على أساس:

١٠ إن الإسلام يمثل إرادة الله تعالى في إقرار هذه الحقوق والمحافظة عليها ٠

٢٠ إن القانون الدولي يمثل إرادة المذاهب والنظريات الوضعية في سند هذه الحقوق٠

وفيما يلي الحديث عن حقوق المرأة في هذين النظامين في المبحثين التاليين:

([1]) حقوق الإنسان في نظر الشريعة الإسلامية، ص ١٧ – ٢٢، (مرجع سابق).

المبحث الأول: حقوق المرأة العامة في الإسلام والقانون الدولي:

أولا: **حق حياة المرأة وحماية عرضها وعقلها ومالها في الإسلام والقانون الدولي:**

- حق حياة المرأة وحماية عرضها وعقلها ومالها في الإسلام:

١. حق حياة المرأة.

٢. حق حماية عرض المرأة.

٣. حق حماية عقل المرأة.

٤. حق حماية مال المرأة.

- حق حماية المرأة وحماية عرضها وعقلها ومالها في القانون الدولي.

ثانيا:حق احترام المرأة وحماية كرامتها الإنسانية في الإسلام والقانون الدولي:

- حق احترام المرأة وحماية كرامتها الإنسانية في الإسلام.
- حق احترام المرأة وحماية كرامتها الإنسانية في القانون الدولي.

ثالثا: حق العدل والمساواة في الإسلام والقانون الدولي:

- حق العدل والمساواة في الإسلام.
- حق العدل والمساواة في القانون الدولي.

رابعا: حقوق المرأة السياسية في الإسلام والقانون الدولي:

- حقوق المرأة السياسية في الإسلام .
- حقوق المرأة السياسية في القانون الدولي.

خامسا: **حق الحريات في الإسلام والقانون الدولي:**

١ . **حق حرية العقيدة والعبادة في الإسلام والقانون الدولي :**

- حق حرية العقيدة والعبادة في الإسلام.
- حق حرية العقيدة والعبادة في القانون الدولي.

٢. **حق حرية التفكير والرأي والتعبير في الإسلام والقانون الدولي:**

٣. **حق حرية التعليم والتعلم في الإسلام والقانون الدولي:**

- حق حرية التعليم والتعلم في الإسلام .
- حق حرية التعليم والتعلم في القانون الدولي .

- حق حرية العمل في الإسلام .

٥ - **حق حرية التملك والتمليك في الإسلام والقانون الدولي:**

- حق حرية التملك والتمليك في القانون الدولي.

٧. **حق حرية المسكن في الإسلام والقانون الدولي:**

- حق حرية المسكن في الإسلام
- حق حرية المسكن في القانون الدولي .

٨. حق حرية السفر والانتقال والإقامة في الإسلام والقانون الدولي:

- حق حرية السفر والانتقال والإقامة في الإسلام.
- حق حرية السفر والانتقال والإقامة في القانون الدولي .

المبحث الثاني: حقوق المرأة الخاصة في الإسلام والقانون الدولي:

أولا: حقوق المرأة الخاصة في الإسلام:

١. حق المهر والمتعة.

٢. حق النفقة.

٣. حق الزيارة .

٤. حق العدل بين الزوجات عند التعدد.

٥. حق الميراث.

ثانيا: حقوق المرأة الخاصة في القانون الدولي.

الخاتمة: وهي خلاصة بأهم نتائج البحث .

المبحث الأول

حقوق المرأة العامة في الإسلام والقانون الدولي

أولاً: حق حماية حياة المرأة وحماية عرضها وعقلها ومالها في الإسلام والقانون الدولي:

حق حماية حياة المرأة وحماية عرضها وعقلها ومالها في الإسلام[1]:

جاء الإسلام للمحافظة على الضروريات الخمس ومنها حفظ النفس والعرض والعقل والمال.

وإن المحافظة على نفس المرأة وعرضها ومالها من هذه الضروريات الخمس التي جاء الإسلام للمحافظة عليها وفيما يلي الحديث عن ذلك بإيجاز، فأقول:

١٠ حق حماية حياة المرأة:

حق الحياة من حقوق الإنسان الأساسية (سواء أكان رجلاً أم امرأة)التي جاء الإسلام للمحافظة عليها قال تعالى "مَنْ قَتَلَ نَفْسًا بِغَيْرِ نَفْسٍ أَوْ فَسَادٍ فِي الْأَرْضِ فَكَأَنَّمَا قَتَلَ النَّاسَ جَمِيعًا"[2]. **وقال تعالى:** "وَمَا كَانَ لِمُؤْمِنٍ أَنْ يَقْتُلَ مُؤْمِنًا إِلَّا خَطَأً"[3]. **وقال تعالى:** "وَمَنْ يَقْتُلْ مُؤْمِنًا مُتَعَمِّدًا فَجَزَاؤُهُ جَهَنَّمُ خَالِدًا فِيهَا"[4]. **وقال تعالى:** "وَلَا تَقْتُلُوا النَّفْسَ الَّتِي حَرَّمَ اللَّهُ

---

(1) انظر: حقوق الإنسان وحرياته الأساسية في النظام الإسلامي والنظم المعاصرة، عبدالوهاب الشيشاني ص٣٧٢ وما بعدها، ط١، ١٩٨٠م، مطابع الجمعية العلمية الملكية ٠

(2) سورة المائدة /٣٢ ٠

(3) سورة النساء /٩٢ ٠

(4) سورة النساء /٩٣ ٠

إِلَّا بِالْحَقِّ وَمَنْ قُتِلَ مَظْلُومًا فَقَدْ جَعَلْنَا لِوَلِيِّهِ سُلْطَانًا فَلَا يُسْرِفْ فِي الْقَتْلِ إِنَّهُ كَانَ مَنْصُورًا(٣٣) "[١]. وقال تعالى :وَلَا تَقْتُلُوا أَنْفُسَكُمْ إِنَّ اللَّهَ كَانَ بِكُمْ رَحِيمًا(٢٩) "[٢].

وقال عليه السلام:" **لزوال الدنيا أهون على الله من قتل رجل مسلم**"[٣].

وقال محمد صلى الله عليه وسلم مخاطباً الكعبة:"**ما أطيبك وأطيب ريحك، وما أعظمك وأعظم حرمتك، والذي نفس محمد بيده،لحرمة المؤمن أعظم عند الله حرمة منك، ماله ودمه**"[٤]. وقال عليه السلام:" **من قتل نفسه بحديدة، فحديدته في يده، يتوجأ بها في بطنه في نار جهنم خالداً مخلداً فيها أبداً ومن قتل نفسه بسم، فسمه في يده يتحساه في نار جهنم خالداً مخلداً فيها أبداً، ومن تردى من جبل فقتل نفسه فهو متردٍ في نار جهنم خالداً فيها أبداً** "[٥].

فهذه الأدلة تدل دلالة واضحة على أن الإسلام أوجب المحافظة على نفس الإنسان، سواء أكان رجلاً أم امرأة، فالأدلة لم تفرق بين رجل وامرأة، والأصل أن يحمل العموم على عمومه والمطلق على إطلاقه إلى أن يرد ما يخصص العام أو يقيد المطلق، ولا مخصص ولا مقيد.

ومن قبيل المحافظة على نفس المرأة، المحافظة على أي جزء أو طرف من أطرافها، لهذا حرّم الاعتداء على أي جزء من أجزائها بالقطع ونحوه، وجعل

---

(١) سورة الإسراء / ٣٣ ٠

(٢) سورة النساء / ٢٩ ٠

(٣) أخرجه النسائي ٨٢/٧، كتاب تحريم الدم، دار الجيل، ١٩٨٧م٠ والترمذي، سنن الترمذي، تحقيق: ابراهيم عطوة عوض، ١٦/٤، حديث ١٣٩٥، كتاب الديات، دار إحياء التراث العربي / بيروت ٠

(٤) أخرجه ابن ماجه في سننه ١٢٩٧/٢، ٢٢٩٧ حديث ٣٩٣٢، كتاب الفتن ٠المكتبة العلمية ٠

(٥) أخرجه البخاري في صحيحه ٣٠٣/١٠ حديث (٥٧٧٨) كتاب الطب، دار الكتب العلمية،ط١، ومسلم في صحيحه، ٢٨٩/٢ حديث (١٠٩)، كتاب الإيمان، دار الخير، بيروت ودمشق، ط١ ٠

الاعتداء على ذلك مثل الاعتداء على أطراف الرجل، وإذا عبث رجل بذلك اقتص منه بمثل ما فعل، قال الله تعالى:" وَكَتَبْنَا عَلَيْهِمْ فِيهَا أَنَّ النَّفْسَ بِالنَّفْسِ وَالْعَيْنَ بِالْعَيْنِ وَالْأَنْفَ بِالْأَنْفِ وَالْأُذُنَ بِالْأُذُنِ وَالسِّنَّ بِالسِّنِّ وَالْجُرُوحَ قِصَاصٌ فَمَنْ تَصَدَّقَ بِهِ فَهُوَ كَفَّارَةٌ لَهُ "[1] . وهذه الآية وإن كانت حكاية عن شرع من قبلنا، إلاّ أنها وردت في شرعنا من غير إنكار، فإنها تكون من شرعنا، ولهذا فإنها تدل بعمومها على أن نفس المرأة تعدل نفس الرجل وكذلك أطرافها تعدل أطراف الرجل، ولا فرق في ذلك في حالة التمسك بإقامة القصاص.

وقد بين القرآن الكريم الحكمة من إقامة القصاص، فقال تعالى:" وَلَكُمْ فِي الْقِصَاصِ حَيَاةٌ يَا أُولِي الْأَلْبَابِ"[2]. لهذا أوجب الإسلام إقامة القصاص عند التمسك به تحقيقاً لهذه الحكمة، **قال تعالى:** " كُتِبَ عَلَيْكُمُ الْقِصَاصُ فِي الْقَتْلَى الْحُرُّ بِالْحُرِّ وَالْعَبْدُ بِالْعَبْدِ وَالْأُنْثَى بِالْأُنْثَى..."[3].

٠٢ حق حماية عرض المرأة:

أوجب الإسلام المحافظة على عرض المرأة، ولهذا حرّم الاعتداء على عرضها بالزنا أو بمقدماته، أو بالقذف أو بالاغتصاب، واعتبر الإسلام المحافظة على عرضها من حقوقها الأساسية التي يجب المحافظة عليها، صوناً للأنساب من الاختلاط وتخليصاً للمجتمع من الأمراض التي تلحق الأفراد والأسر والجماعات جراء ذلك، وتطهيراً له من الفساد الأخلاقي.

([1]) سورة المائدة / ٤٥ .
([2]) سورة البقرة / ١٧٩ .
([3]) سورة البقرة / ١٧٨ .

ولهذا حرّم الإسلام الزنا واللواط والقذف والاغتصاب وكذا مقدمات الزنا، قال تعالى:" الزَّانِيَةُ وَالزَّانِي فَاجْلِدُوا كُلَّ وَاحِدٍ مِنْهُمَا مِئَةَ جَلْدَةٍ وَلَا تَأْخُذْكُمْ بِهِمَا رَأْفَةٌ فِي دِينِ اللَّهِ"[١]. وقال تعالى:" وَالَّذِينَ يَرْمُونَ الْمُحْصَنَاتِ ثُمَّ لَمْ يَأْتُوا بِأَرْبَعَةِ شُهَدَاءَ فَاجْلِدُوهُمْ ثَمَانِينَ جَلْدَةً"[٢]. وقال تعالى:" إِنَّمَا جَزَاءُ الَّذِينَ يُحَارِبُونَ اللَّهَ وَرَسُولَهُ وَيَسْعَوْنَ فِي الْأَرْضِ فَسَادًا أَنْ يُقَتَّلُوا أَوْ يُصَلَّبُوا أَوْ تُقَطَّعَ أَيْدِيهِمْ وَأَرْجُلُهُمْ مِنْ خِلَافٍ أَوْ يُنْفَوْا مِنَ الْأَرْضِ ج "[٣].

وقال عليه السلام في اللواط:" **من وجدتموه يعمل عمل قوم لوط، فاقتلوا الفاعل والمفعول به**"[٤]. وقال عليه السلام في الحديث الذي رواه ابن مسعود:" **العينان تزنيان، واليدان تزنيان، والرجلان تزنيان، والفرج يزني** "[٥].

ونظراً لخطورة جريمة الزنا واللواط والقذف على المجتمع، فإنّ الإسلام شدد في إثبات ذلك من أجل الستر، قال الله تعالى:" لَوْلَا جَاءُوا عَلَيْهِ بِأَرْبَعَةِ شُهَدَاءَ ج "[٦].

---

(١) سورة النور / ٢.

(٢) سورة النور / ٤.

(٣) سورة المائدة / ٣٣.

(٤) أخرجه أبو داود، سنن أبي داود،٦٠٧/٤ حديث ٤٤٦٢، كتاب الحدود، دار الحديث بيروت، والترمذي، سنن الترمذي ٥٧/٤، حديث ١٤٥٦، كتاب الحدود، الطبعة السابقة، والإمام أحمد، سنن الإمام أحمد،٣٠٠/١، دار صادر، بيروت.

(٥) أخرجه الإمام أحمد والطبراني في الكبير عن ابن مسعود، الجامع الصغير للسيوطي بشرح فيض القدير للمناوي ٣٩٨/٤، حديث (٥٧٥١) صحيح، دار الفكر، ١٩٧٢.

(٦) سورة النور / ١٣.

٠٣ حق حماية عقل المرأة:

أوجب الإسلام المحافظة على عقل المرأة، ولهذا حرّم الاعتداء على عقلها بتعاطي الخمر والمخدرات الأخرى، قال تعالى:" إِنَّمَا الْخَمْرُ وَالْمَيْسِرُ وَالْأَنْصَابُ وَالْأَزْلَامُ رِجْسٌ مِنْ عَمَلِ الشَّيْطَانِ فَاجْتَنِبُوهُ "[١] .

والحكمة من تحريم الخمر والمخدرات الأخرى: أن هذه الأشياء تعطل عقل الإنسان، وتعطيله يتنافى مع الحكمة من خلقه، لأن العقل لم يشرع من أجل التعطيل، والاعتداء عليه، وإنما شرع من أجل الخير والتخلق في ميادين العلم والمعرفة من أجل خدمة الإنسانية كلها.

ولهذا اعتبر الإسلام تعاطي المخدرات جريمة يعاقب عليها بالجلد ثمانين جلدة، قياساً على حد القذف، لأن السكران يهذي، فيقذف القاذف.

٠٤ حق حماية مال المرأة:

أوجب الإسلام حماية مال الإنسان، سواء أكان رجلاً أم امرأة ولهذا حرم امتلاكه بالطرق غير المشروعة كالسرقة والغصب والنصب ونحو ذلك، قال الله تعالى:" يَا أَيُّهَا الَّذِينَ آمَنُوا لَا تَأْكُلُوا أَمْوَالَكُمْ بَيْنَكُمْ بِالْبَاطِلِ إِلَّا أَنْ تَكُونَ تِجَارَةً عَنْ تَرَاضٍ مِنْكُمْ "[٢]. **وقال محمد صلى الله عليه وسلم** " إن دماءكم وأموالكم، حسبه قال: وأعراضكم عليكم حرام، كحرمة يومكم هذا، في شهركم هذا، وستلقون ربكم، فيسألكم عن أعمالكم، ألا ترجعوا بعدي ضلالاً يضرب بعضكم رقاب

---

(١) سورة المائدة / ٩٠ .

(٢) سورة النساء / ٢٩ .

بعض، ألا هل بلغت؟ ألا فليبلغ الشاهد منكم الغائب" [١] وقال عليه السلام كل المسلم على المسلم حرام، ماله، وعرضه، ودمه، حسب امرئ من الشر أن يحقر أخاه المسلم"[٢].

وللمحافظة على مال المسلم شرع الإسلام العقوبات الزاجرة فقال اللـه تعالى:

"وَالسَّارِقُ وَالسَّارِقَةُ فَاقْطَعُوا أَيْدِيَهُمَا جَزَاءً بِمَا كَسَبَا نَكَالًا مِنَ اللَّهِ " [٣]. وقال اللـه تعالى في جريمة الاغتصاب:" إِنَّمَا جَزَاءُ الَّذِينَ يُحَارِبُونَ اللَّهَ وَرَسُولَهُ وَيَسْعَوْنَ فِي الْأَرْضِ فَسَادًا أَنْ يُقَتَّلُوا أَوْ يُصَلَّبُوا أَوْ تُقَطَّعَ أَيْدِيهِمْ وَأَرْجُلُهُمْ مِنْ خِلَافٍ أَوْ يُنْفَوْا مِنَ الْأَرْضِ"[٤].

وأوجب الإسلام العقوبة التعزيرية على من أخذ مال الإنسان عن طريق النصب ونحوه، حفظاً له.

حق حماية حياة المرأة وحماية عرضها وعقلها ومالها في القانون الدولي:

نصت الوثائق الدولية على حق الحياة [٥].

فجاء في المادة الثالثة من الإعلان العالمي لحقوق الإنسان ما يلي:

" لكل فرد الحق في الحياة والحرية والأمن " ونصت المادة التاسعة من الاتفاقية الدولية للحقوق المدنية والسياسية على أن " لكل فرد حقاً في الحرية وفي

---

(١)أخرجه البخاري، صحيح البخاري، ١٣٥/٨، كتاب المغازي،حديث (٤٤٠٦)، دار الكتب العلمية، طبعة أولى.

(٢) الجامع الصغير للسيوطي، بشرح فيض القدير للمناوي، ١١/٥ حديث (٦٢٧٧) مرجع سابق ٠

(٣) سورة المائدة / ٣٨ ٠

(٤) سورة المائدة / ٣٣ ٠

(٥) قانون حقوق الإنسان في الفكر الوضعي والشريعة الإسلامية، عبدالواحد محمد الفار ص ٢٨٨-٢٨٩، ٢٩٦، دار النهضة العربية، مطبعة جامعة القاهرة، ١٩٩١ م، والقانون الدولي العام، علي صادق أبو هيف ص ٩٩٦ المعارف، الاسكندرية، ط١١ ٠

الأمان على شخصه" كما نصت المادة السابعة عشرة على أنه "لا يجوز التدخل بشكل تعسفي، أو غير قانوني بخصوصيات أحد، أو بعائلته، أو بيته، أو مراسلاته، كما لا يجوز التدخل بشكل غير قانوني بشرفه وسمعته ".

وجاء في المادة السادسة من الاتفاقية المذكورة النص على حماية هذا الحق على الوجه التالي:

١. الحق في الحياة حق ملازم لكل إنسان، وعلى القانون أن يحمي هذا الحق، ولا يجوز حرمان أحد من حياته تعسفاً.

٢. لا يجوز في البلدان التي -لم تلغ عقوبة الإعدام - أن يحكم بهذه العقوبة إلا جزاء على أشد الجرائم خطورة وفقاً للتشريع النافذ وقت ارتكاب الجريمة، وغير مخالف لأحكام هذه الاتفاقية، والاتفاقية منع جريمة الإبادة الجماعية والمعاقب عليها، ولا يجوز تطبيق هذه العقوبة إلاّ بمقتضى حكم نهائي صادر عن محكمة مختصة.

٣. حين يكون الحرمان من الحياة جريمة من جرائم الإبادة الجماعية، يكون من المفهوم بداهة أنه ليس في هذه المادة أي نص يجيز لأية دولة طرف في هذه الاتفاقية أن تعفي نفسها على أية صورة من أي التزام، يكون مترتباً عليها بمقتضى- أحكام اتفاقية منع جريمة الإبادة الجماعية والمعاقبة عليها.

٤. لأي شخص حكم عليه بالإعدام حق التماس العفو الخاص، أو إبدال العقوبة، ويجوز منح العفو العام / أو العفو الخاص، أو إبدال عقوبة الإعدام في جميع الحالات.

٥. لا يجوز الحكم بعقوبة الإعدام على جرائم ارتكبها أشخاص دون الثامنة عشرة من العمر، ولا تنفذ هذه العقوبة بالحوامل.

٠٦ ليس في هذه المادة أي حكم يجوز التذرع به لتأخير، أو منع إلغاء عقوبة الإعدام من قبل أية دولة طرف في هذه الاتفاقية.

مما تقدم يتضح لنا ما يلي:

أ - إن الوثائق الدولية تقر بحق حياة الإنسان سواء أكانت امرأة أم رجلاً وبهذا يلتقي القانون الدولي مع الإسلام في إقرار هذا الحق.

ب - يختلف القانون الدولي عن الإسلام في العقوبة التي يقرها كل من النظامين فبينما لا يقرر القانون الدولي عقوبة مقدرة غالباً، إلا في أحوال خاصة، نشاهد الإسلام يقرر عقوبة مقدرة زاجرة لحفظ النفس من السفك، وهي القصاص بالقتل إذا تمسك من له الحق بذلك.

ج - لا يقر القانون الدولي بالعقوبة الأخروية، بينما الإسلام يقر بها ٠

د - لقد اهتم الإسلام بالمحافظة على عرض المرأة وعقلها ومالها فوضع عقوبة مقدرة زاجرة وهي حد الزنا والشرب وحد السرقة ٠

وأما القانون الدولي فلم يضع عقوبات زاجرة للمحافظة على ذلك بل أباح لها شرب الخمر والزنا، ولم يعتبر شرب الخمر والزنا يعاقب عليها القانون إذا تم ذلك بلا إكراه، كما أن نظرته إلى المحافظة على المال تختلف عن نظرة الإسلام إليه ٠

ثانياً: حق احترام المرأة وحماية كرامتها الإنسانية في الإسلام والقانون الدولي

حق احترام المرأة وحماية كرامتها الإنسانية في الإسلام [1]**:**

يتفرع عن حق الحياة حق احترامها وحماية كرامتها الإنسانية، فالحياة هي الإحساس المادي بالشخصية الإنسانية، والكرامة هي الإحساس المعنوي بها،

(1) انظر حقوق الإنسان، الترمانيني ص ٢٦-٢٨ ٠ وأحكام الزواج في الشريعة الإسلامية، د٠محمد حسن أبو يحيى، ص ٣٩٨، المركز العربي للخدمات الطلابية، ١٩٩٨م٠

ولذلك فهما صنوان متلازمان في نظر الإسلام ٠ قال تعالى: " وَلَقَدْ كَرَّمْنَا بَنِي آدَمَ وَحَمَلْنَاهُمْ فِي الْبَرِّ وَالْبَحْرِ وَرَزَقْنَاهُمْ مِنَ الطَّيِّبَاتِ وَفَضَّلْنَاهُمْ عَلَى كَثِيرٍ مِمَّنْ خَلَقْنَا تَفْضِيلًا(٧٠) "[١]. **وقال تعالى:** وَإِذْ قُلْنَا لِلْمَلَائِكَةِ اسْجُدُوا لِآدَمَ فَسَجَدُوا إِلَّا إِبْلِيسَ أَبَى وَاسْتَكْبَرَ "[٢]. وروي أن جنازة مرت بالنبي محمد صلى الله عليه وسلم، فقام فقيل له، إنها جنازة يهودي، فقال: أليست نفساً "[٣].

<u>ولتحقيق احترام إنسانية المرأة وحماية كرامتها الإنسانية وسائل:</u>

أولاً: وجوب احترامها بالمعاملة الحسنة التي تليق بكرامتها، ويتحقق ذلك بوسائل منها:

١ ٠ البر المادي والمعنوي ٠ قال تعالى:" وَقَضَى رَبُّكَ أَلَّا تَعْبُدُوا إِلَّا إِيَّاهُ وَبِالْوَالِدَيْنِ إِحْسَانًا إِمَّا يَبْلُغَنَّ عِنْدَكَ الْكِبَرَ أَحَدُهُمَا أَوْ كِلَاهُمَا فَلَا تَقُلْ لَهُمَا أُفٍّ وَلَا تَنْهَرْهُمَا وَقُلْ لَهُمَا قَوْلًا كَرِيمًا (٢٣) وَاخْفِضْ) لَهُمَا جَنَاحَ الذُّلِّ مِنَ الرَّحْمَةِ وَقُلْ رَبِّ ارْحَمْهُمَا كَمَا رَبَّيَانِي صَغِيرًا "[٤]. وعن أبي هريرة رضي الله عنه قال: جاء رجل إلى النبي محمد صلى الله عليه وسلم، فقال: " من أحق الناس بحسن صحابتي ؟ قال: أمك، قال: ثم من ؟ قال: أمك، قال: ثم من ؟ قال: أمك، قال: ثم من ؟ قال أبوك "[٥] .

---

(١) سورة الإسراء، ٧٠ ٠

(٢) سورة البقرة / ٣٤ ٠

(٣) أخرجه البخاري في صحيحه ٢٣١/٣ حديث (١٣١٢)، كتاب الجنائز الطبعة السابقة، ومسلم في صحيحه ٢٦/٧ حديث (٩٦١) كتاب الجنائز، الطبعة السابقة ٠

(٤) سورة الإسراء /٢٣-٢٤ ٠

(٥) أخرجه البخاري في صحيحه، كتاب الأدب رقم ٢ والإمام مسلم في صحيحه، كتاب البر رقم ١ ٠

٢. الإحسان إلى النساء بالمعاملة الحسنة.قال تعالى:وَمِنْ آيَاتِهِ أَنْ خَلَقَ لَكُمْ مِنْ أَنْفُسِكُمْ أَزْوَاجًا لِتَسْكُنُوا إِلَيْهَا وَجَعَلَ بَيْنَكُمْ مَوَدَّةً وَرَحْمَةً"[١]. وقال تعالى:" فَإِمْسَاكٌ بِمَعْرُوفٍ أَوْ تَسْرِيحٌ بِإِحْسَانٍ"[٢]. وقال تعالى:وَلَهُنَّ مِثْلُ الَّذِي عَلَيْهِنَّ بِالْمَعْرُوفِ وَلِلرِّجَالِ عَلَيْهِنَّ دَرَجَةٌ"[٣]. وقال تعالى: وَعَاشِرُوهُنَّ بِالْمَعْرُوفِ "[٤].

وقال عليه السلام:" اتقوا الله في الضعيفين: المملوك والمرأة"[٥]. وقال عليه السلام: "اتقوا الله في الضعيفين: المرأة الأرملة، والصبي اليتيم"[٦].

ثانياً:تحريم كل وسيلة تهين كرامتها، سواء أكانت مسجونة أم غير مسجونة: ومن ذلك ما يلي:

١٠ تخويفها: قال محمد صلى الله عليه وسلم:" لا يحل لمسلم أن يروّع مسلماً "[٧].

٢٠ التمثيل بها وتعذيبها لما روي عن رسول الله محمد صلى الله عليه وسلم أنه نهى عن المثلة[٨]. وقال محمد صلى الله عليه وسلم:" إن الله يعذب الذين يعذبون الناس في الدنيا"[٩].

---

(١) سورة الروم / ٢١ ٠

(٢) سورة البقرة / ٢٢٩ ٠

(٣) سورة البقرة / ٢٢٨ ٠

(٤) سورة النساء / ١٩ ٠

(٥) أخرجه ابن عساكر،الجامع الصغير للسيوطي بشرح فيض القدير للمناوي١٢٨/١، حديث١٢٦،مرجع سابق (ضعيف)

(٦) أخرجه البيهقي، شعب الإيمان، المرجع السابق، ١٢٨/١، حديث (١٢٧) ٠

(٧) أخرجه أبو داود في سننه ٢٧٣/٥، حديث (٥٠٠٤)، كتاب الأدب، الطبعة السابقة، والإمام أحمد في مسنده ٣٦٢/٥، دار صادر بيروت ٠

(٨) أخرجه مسلم في صحيحه ٣٩٨/١٢ حديث (١٧٣١)، كتاب الجهاد والسير والبخاري في صحيحه معلقاً/٥٨٢ حديث (٤١٩٢)، كتاب المغازي، دار الكتب العلمية، ط١، ١٩٨٩م٠

(٩)أخرجه مسلم في صحيحه١٢٨/١٦،حديث(٢٦١٣)،كتاب البر والصلة والآداب،دار الخير،بيروت،دمشق، ط١

٣ . سبها: لقوله محمد صلى الله عليه وسلم سباب المسلم وقتاله كفر"[١].

٤ . ضربها لغير حق، لقوله محمد صلى الله عليه وسلم:" ظهر المؤمن حمى إلاّ بحقه"[٢] ولقوله محمد صلى الله عليه وسلم: "من جرد امرئ مسلم بغير حق، لقي الله، وهو عليه غضبان "[٣].

ولقصة الأمير الغساني جبلة بن الأيهم، وكيف أراد عمر بن الخطاب أن يقتص فيه للأعرابي الذي ضربه[٤].

وقصة القبطي الذي ضربه محمد بن عمرو بن العاص، وهو يقول له: أنا ابن الأكرمين، فقد شكا لعمر ما أصابه من هوان، فاستبقاه عنده، واستقدم عمرو وابنه من مصر، ودعاهما إلى مجلس القصاص، فلما مثلا فيه نادى عمر القبطي وقال له: دونك الدرة، فاضرب بها ابن الأكرمين، وضرب القبطي ابن عمرو حتى أثخنه، وعمر يقول له: اضرب ابن الأكرمين، فلما فرغ الرجل، وأراد أن يرد الدرة إلى أمير المؤمنين، قال له: اجعله على صلعة عمرو، فوالله ما ضربك ابنه إلاّ بفضل سلطانه، فقال الرجل: يا أمير المؤمنين، قد ضربت من ضربني، فقال عمر: إنك و الله لو ضربته ما حلنا بينك وبينه، حتى تكون أنت الذي تدعه، والتفت إلى عمرو مغضباً، وقال تلك الجملة الباقية على الدهر والتي جمعت في فحواها البليغ، ومعناها الكبير، كل ما عبرت عنه الدساتير:يا عمرو، " متى استعبدتم الناس وقد ولدتهم أمهاتهم أحراراً"[٥].

---

(١) أخرجه البخاري في صحيحه ٥٦٨/١٠ حديث (٦٠٤٤)، ومسلم في صحيحه ٢٤١/٢، حديث ٦٤، كتاب الأيمان، الطبعة السابقة .

(٢) الطبراني في المعجم الكبير ١٨٠/١٧، حديث (٤٧٦)، مطبعة الزهراء الحديثة ط٢ .

(٣) الطبراني في المعجم الكبير ١١٦/١٨، حديث (٧٥٣٧)، الطبعة السابقة .

(٤) انظر تفصيل القصة في الطبقات الكبرى لابن سعد ٢٥٧/١، دار صادر، بيروت .

(٥) مناقب عمر بن الخطاب لابن الجوزي ص ١١٢، ١١٣، مكتبة الخانجي القاهرة، ط١، ١٩٩٧م.

ومما تقدم نعلم أن الإسلام قد أقر بمبدأ حق حماية الكرامة الإنسانية للإنسان، سواء أكان رجلاً أم امرأة، وسواء أكان مسلماً أم غير مسلم وسواء أكان مسجوناً أو غير مسجون، وأن الرحمة بالإنسان من سمات الإسلام، وإن الإقرار بهذا المبدأ لا يتنافى مع مبدأ تطبيق العقوبة التي يستحقها، فالرحمة بالمتهم شيء، وتطبيق العقوبة التي يستحقها شيء آخر، ولهذا أمر اللـه تعالى بإقامة الحدود، ومنها حد الزنا لتطهير المجتمع من الفساد الأخلاقي، قال اللـه تعالى: **الزَّانِيَةُ وَالزَّانِي فَاجْلِدُوا كُلَّ وَاحِدٍ مِنْهُمَا مِئَةَ جَلْدَةٍ وَلَا تَأْخُذْكُمْ بِهِمَا رَأْفَةٌ فِي دِينِ اللَّهِ**" [1].

ومنها القصاص قال اللـه تعالى: **كُتِبَ عَلَيْكُمُ الْقِصَاصُ فِي الْقَتْلَى**" [3].

حق احترام المرأة وحماية كرامتها الإنسانية في القانون الدولي [4]:

نصت المادة الأولى من الإعلان العالمي لحقوق الإنسان على ما يلي: "يولد جميع الناس أحراراً متساوين في الكرامة والحقوق، وقد وهبوا عقلاً وضميراً، وعليهم أن يعامل بعضهم بعضاً بروح الأخاء ".

وبهذا يلتقي القانون الدولي مع الإسلام في وجوب احترام الإنسان أياً كان، وسواء أكان رجلاً أم امرأة، أم طفلاً، وكذا يلتقيان في إقرار حق الكرامة الإنسانية وأن الإنسان قد ولدته أمه حراً، فلا يجوز استرقاقه.

---

(1) سورة النور / ٢١ ٠

(3) سورة البقرة / ١٧٩ ٠

(4) القانون الدولي العام ص ٩٩٦ م٠

ونصت المادة الخامسة من الإعلان العالمي المذكور:

" لا يعرض أي إنسان للتعذيب، ولا للعقوبات، أو المعاملات القاسية، أو الوحشية، أو المحطة بالكرامة".

وهذا ما يتفق مع الإسلام الذي حرم كل هذه الصور وغيرها من الصور الأخرى التي تقبح الفرد رجلاً أو امرأة أو طفلاً.

ثالثا: حق العدل والمساواة في الإسلام والقانون الدولي :

حق العدل والمساواة في الإسلام:

أ - حق العدل:

شرع الإسلام العدل وأوجبه، وجعله ميزاناً لتحقيق المساواة بين الناس في المجتمع الإسلامي، لا فرق بين رجل ولا امرأة، فإقامة العدل بين الناس مبدأ إسلامي عظيم جاء للمحافظة عليه، لأنه أساس الملك، وبدونه تختل الموازين في النظم كافة ٠

قال تعالى: **وَلَا يَجْرِمَنَّكُمْ شَنَآنُ قَوْمٍ عَلَى أَلَّا تَعْدِلُوا اعْدِلُوا هُوَ أَقْرَبُ لِلتَّقْوَى"[1]. وقال تعالى:وَإِذَا قُلْتُمْ فَاعْدِلُوا وَلَوْ كَانَ ذَا قُرْبَى"[2]. وقال تعالى:" وَلْيَكْتُبْ بَيْنَكُمْ كَاتِبٌ بِالْعَدْلِ"[3]. وقال تعالى: "وَإِذَا حَكَمْتُمْ بَيْنَ النَّاسِ أَنْ تَحْكُمُوا بِالْعَدْلِ"[4]. وقال تعالى: "إِنَّ اللَّهَ يَأْمُرُ بِالْعَدْلِ وَالْإِحْسَانِ وَإِيتَاءِ ذِي الْقُرْبَى"[5]. وقال تعالى:فَإِنْ فَاءَتْ**

---

(1) سورة المائدة /٨ ٠

(2) سورة الأنعام / ١٥٢ ٠

(3) سورة البقرة / ٢٨٢ ٠

(4) سورة النساء /٥٨ ٠

(5) سورة النحل / ٩٠ ٠

فَأَصْلِحُوا بَيْنَهُمَا بِالْعَدْلِ وَأَقْسِطُوا ۖ "[1]. وقال تعالى: "وَتَمَّتْ كَلِمَةُ رَبِّكَ صِدْقًا وَعَدْلًا لَا مُبَدِّلَ لِكَلِمَاتِهِ ۚ "[2]. والظلم ضد العدل، والظلم محرم قطعاً لأنه يقضي على حق المساواة بين الناس سواء أكانوا رجالاً أم نساء. قال تعالى: "وَمَنْ يَتَعَدَّ حُدُودَ اللَّهِ فَقَدْ ظَلَمَ نَفْسَهُ"[3]. وقال تعالى"فَأَنْزَلْنَا عَلَى الَّذِينَ ظَلَمُوا رِجْزًا مِنَ السَّمَاءِ" [4]. وقال تعالى:" وَلَوْ يَرَى الَّذِينَ ظَلَمُوا إِذْ يَرَوْنَ الْعَذَابَ أَنَّ الْقُوَّةَ لِلَّهِ جَمِيعًا"[5]. وقال تعالى "إِنَّ الَّذِينَ كَفَرُوا وَظَلَمُوا لَمْ يَكُنِ اللَّهُ لِيَغْفِرَ لَهُمْ"[6]. وقال تعالى:" وَلَقَدْ أَهْلَكْنَا الْقُرُونَ مِنْ قَبْلِكُمْ لَمَّا ظَلَمُوا ۙ " [7] . وقال تعالى: ثُمَّ قِيلَ لِلَّذِينَ ظَلَمُوا ذُوقُوا عَذَابَ الْخُلْدِ "[8]. وقال تعالى: وَسَيَعْلَمُ الَّذِينَ ظَلَمُوا أَيَّ مُنْقَلَبٍ يَنْقَلِبُونَ(٢٢٧) "[9].

وغير ذلك من أدلة كثيرة تدل على أن الإسلام أمر بالعدل بين الناس جميعاً سواء أكانوا رجالاً أم نساء، وحرّم الظلم بينهم جميعاً.

والعدل أنواع:[10]

١٠ عدل الإنسان مع نفسه، ومعناه أن يعرف الإنسان ما له وما عليه من حقوق وواجبات وأن لا يطالب بما لا يستحق، ولا يكلف نفسه

---

(١) سورة الحجرات / ٩ ٠
(٢) سورة الأنعام / ١١٥ ٠
(٣) سورة الطلاق /١ ٠
(٤) سورة البقرة / ٥٩ ٠
(٥) سورة البقرة / ١٦٥ ٠
(٦) سورة النساء / ١٦٨ ٠
(٧) سورة يونس /١٣ ٠
(٨) سورة يونس / ٥٢ ٠
(٩) سورة الشعراء / ٢٢٧ ٠
(١٠) حقوق الإنسان، عبدالسلام الترمانيني /٤٠-٤١، الطبعة الثانية، ١٩٧٦م، دار الكتاب الجديد، بيروت ٠

فوق ما تطيق،لقوله محمد صلى الله عليه وسلم:"**إن لربك عليك حقاً، وإن لنفسك عليك حقاً** "[١].

٠٢ عدل الإنسان مع الناس، ومعناه أن لا يظلم الناس فيما يستحقون، بل يجب عليه الوفاء بكل ما لهم من حقوق، وأن لا يغدر بها.

٠٣ عدل القاضي مع الخصوم، ويكون بالحكم بالحق بين هؤلاء، فلا تأخذه عن ذلك عداوة ولا قرابة ولا هوى مادي، أو وساطة غير مشروعة، ومن شواهد عدل القاضي: أن عمر بن الخطاب وأبي بن كعب اختصما في حادثة إلى زيد بن ثابت، فألقى لعمر وسادة، فقال عمر: هذا أول جورك وطرح الوسادة وجلس بين يديه.

٠٤ عدل الحاكم في الرعية: ويكون بالعمل على تحقيق المساواة بين الناس في الحقوق والواجبات، ولن يتحقق ذلك إلا إذا طبق شرع الله تعالى، وقام بمبدأ المسؤولية الملقاة على عاتقه، قال رسول الله محمد صلى الله عليه وسلم: كلكم راعٍ وكلكم مسؤول عن رعيته، الإمام راعٍ، ومسؤول عن رعيته والرجل راع في أهله، وهو مسؤول عن رعيته والمرأة راعية في بيت زوجها ومسؤولة عن رعيتها" [٢].

ويستوي في المراد بتحقيق العدل بينهم ما إذا كانوا رجالاً أم نساءً .

([١]) أخرجه البخاري في صحيحه، كتاب الأدب، باب صنع الطعام والتكلف للضيف حديث (١٠١٦)، الطبعة السابقة .

([٢]) أخرجه البخاري في صحيحه٣٠٤/١، كتاب الجمعة، باب الجمعة، في القرى والمدن، حديث (٨٥٣)، دار ابن كثير، اليمامة، بيروت،١٩٨٧م، مسلم في صحيحه، كتاب الإمارة، باب فضيلة الإمام العادل، حديث (١٨٢٩)، الطبعة السابقة .

ب - المساواة بين الناس[1]:

أولاً: المساواة في القيمة الإنسانية المشتركة:

ساوى الإسلام بين الرجال والنساء في المجتمع المسلم في القيمة الإنسانية المشتركة، ولا فرق في ذلك، ويتجلى ذلك، فيما يلي:

١. مساواة الرجل والمرأة في وحدة التكاليف، إذْ أن الخلق جميعاً مطالبون بعبادة الله تعالى،:قال تعالى:" **وَمَا خَلَقْتُ الْجِنَّ وَالْإِنْسَ إِلَّا لِيَعْبُدُونِ(٥٦)** "[2].

٢. المساواة في وحدة الأصل والمنشأ، إذْ أن الله خلقهم جميعاً من التراب من أب واحد وأم واحدة (آدم وحواء)، قال الله **تعالى يَا أَيُّهَا النَّاسُ اتَّقُوا رَبَّكُمُ الَّذِي خَلَقَكُمْ مِنْ نَفْسٍ وَاحِدَةٍ وَخَلَقَ مِنْهَا زَوْجَهَا وَبَثَّ مِنْهُمَا رِجَالًا كَثِيرًا وَنِسَاءً وَاتَّقُوا اللَّهَ الَّذِي تَسَاءَلُونَ بِهِ وَالْأَرْحَامَ إِنَّ اللَّهَ كَانَ عَلَيْكُمْ رَقِيبًا"**[3].

٣. المساواة في الأخوة الإسلامية. يتساوى المسلمون رجالاً كانوا أو نساءً في الأخوة الإسلامية إذا آمنوا بالله رباً وبمحمد نبياً، فهم أخوة في العقيدة المشتركة، قال تعالى:" **إِنَّمَا الْمُؤْمِنُونَ إِخْوَةٌ"**[4]. **وقال تعالى: " فَإِنْ تَابُوا وَأَقَامُوا الصَّلَاةَ وَآتَوُا الزَّكَاةَ فَإِخْوَانُكُمْ فِي الدِّينِ"**[5]. **وقال تعالى:**

(1) حقوق الإنسان وحرياته الأساسية في النظام الإسلامي والنظم المعاصرة، عبدالوهاب الشيشاني ص ٦٤٥ وما بعدها، طبعة أولى، ١٩٨٠م، مطابع الجمعية العلمية الملكية، وانظر: التشريع الجنائي الإسلامي د٠عبدالقدر عودة ٢٥/١-٢٧،مؤسسة الرسالة، بيروت،ط١٣، ١٩٩٤م.

(2) سورة الذاريات / ٥٦ ٠

(3) سورة النساء / ١ ٠

(4) سورة الحجرات ١٠ ٠

(5) سورة التوبة / ١١ ٠

"وَالْمُؤْمِنُونَ وَالْمُؤْمِنَاتُ بَعْضُهُمْ أَوْلِيَاءُ بَعْضٍ "[١]. وقال تعالى: "وَاعْتَصِمُوا بِحَبْلِ اللَّهِ جَمِيعًا وَلَا تَفَرَّقُوا وَاذْكُرُوا نِعْمَةَ اللَّهِ عَلَيْكُمْ إِذْ كُنْتُمْ أَعْدَاءً فَأَلَّفَ بَيْنَ قُلُوبِكُمْ فَأَصْبَحْتُمْ بِنِعْمَتِهِ إِخْوَانًا"[٢].

ثانياً: المساواة في المنافع العامة الاجتماعية:

ساوى الإسلام بين الرجال والنساء في المنافع العامة الاجتماعية الآتية:

٠١ المساواة أمام التشريع:

ويدل على ذلك قصة أسامة بن زيد عندما أراد أن يشفع للمرأة المخزومية التي سرقت، وأراد الرسول محمد صلى الله عليه وسلم قطع يدها، فقال:" **أتشفع في حد من حدود الله ! وأيم الله لو أن فاطمة بنت محمد سرقت لقطعت يدها**"[٣].

٠٢ المساواة أمام القضاء:

ساوى الإسلام بين الناس جميعاً، سواء أكانوا رجالاً أم نساءً أمام القضاء، ومما يدل على ذلك ما روي عن الشعبي قال:**كان بين عمر وأبي خصومة، فقال عمر: اجعل بيني وبينك رجلا، فجعلا بينهما زيدا، قال: فأتياه،قال:فقال عمر أتيناك، لتحكم بيننا وفي بيته يؤتى الحكم،فلما دخلوا عليه،أجلسه معه على صدر فراشه، فقال:هذا أول جورك،جرت في حكمك،أجلسني وخصمي،فجلسا قال:فقصا عليه القصة،فقال زيد لأبي،اليمين على أمير المؤمنين،وإن شئت أعفيته. قال:فأقسم عمر على ذلك، ثم أقسم له،لا تدرك باب القضاء حتى لا يكون لي عندك على أحد فضيلة**"[٤].

---

(١)سورة التوبة /٧١ ٠

(٢)سورة آل عمران / ١٠٣ ٠

(٣)أخرجه البخاري في صحيحه، كتاب الحدود، باب كراهة الشفاعة في الحد، حديث(١٦٣٥)، مرجع سابق، ومسلم في صحيحه، كتاب الحدود، باب قطع يد السارق الشريف وغيره، (١٦٨٨)، مرجع سابق ٠

(٤) مسند علي بن الجعد بن عبيد،ص٢٦٠ حديث(١٧٢٨) مؤسسة نادر، ط١، ١٤١٠هـ - ١٩٩٠م.

وقول عمر بن الخطاب لأبي موسى الأشعري -قاضي الكوفة:" آس بين الناس في وجهك ومجلسك وقضائك، حتى لا يطمع شريف في حيفك، ولا ييأس ضعيف في عدلك "[1] .

٠٣ المساواة في تحمل التكاليف العامة:

ساوى الإسلام بين الناس جميعاً في التكاليف العامة، ولا فرق في ذلك بين الرجال والنساء ومن ذلك.

المساواة أمام الواجبات المالية، وهي المعروفة اليوم بالضرائب، والرسوم والجمارك ونحو ذلك من أعباء مالية أخرى.

حق العدل والمساواة في القانون الدولي: [2]

جاء في الإعلان العالمي لحقوق الإنسان النص على ما يلي:

٠١ المادة الأولى:"**يولد جميع الناس أحراراً متساوين في الكرامة والحقوق ...**"وقد تقدم ذكرها٠

٠٢ المادة الثانية:" **لكل إنسان حق التمتع بكافة الحقوق والحريات الواردة في هذا الإعلان دون أي تمييز مثلاً من حيث الجنس أو اللون أو اللغة أو الدين أو الرأي السياسي، أو أي رأي آخر، أو الأصل الوطني، أو الاجتماعي، أو الثروة، أو البلاد أو أي وضع آخر، ودون أي تفرقة بين الرجال والنساء ".**

(١) أخرجه الدارقطني في سننه ٢٠٧/٤ رقم١٦ دار المعرفة بيروت،١٩٦٦م ٠

(٢) القانون الدولي العام، مرجع سابق ص ٩٩٦، ٩٩٧، ١٠٠٠.

"وفضلاً عما تقدم فلن يكون هناك أي تمييز أساسه الوضع السياسي أو القانوني، أو الدولي للبلد أو البقعة التي ينتمي إليها الفرد سواء أكان هذا البلد أو تلك البقعة مستقلاً أو تحت الوصايا أو غير متمتع بالحكم الذاتي، أو كانت قيادته خاضعة لقيد ما".

٠٣ المادة السابعة:" **كل الناس سواسية أمام القانون ولهم الحق في التمتع بحماية متكافئة دون تفرقة، كما أن لهم جميعاً الحق في حماية متساوية ضد أي تمييز يخل بهذا الإعلان وضد أي تحريض على تمييز كهذا".**

٠٤ المادة الثامنة:" **لكل شخص الحق في أن يلجأ إلى المحاكم الوطنية المختصة، لإنصافه من أعمال فيها اعتداء على الحقوق الأساسية التي يمنحها له الدستور أو القانون".**

٠٥ المادة العاشرة:" **لكل إنسان الحق على قدم المساواة في أن تنظر قضيته أمام محكمة مستقلة نزيهة نظراً عادلاً سواء أكان ذلك للفصل في حقوقه أم التزاماته أم الاتهامات الجنائية الموجهة إليه.**

٠٦ المادة الثالثة والعشرون:" فقرة (٢)

١ - لكل فرد دون أي تمييز الحق في أجر متساو للعمل المتساوي ٠ ومما تقدم يتبين أن القانون الدولي العام يقضي بما يأتي:

أ - مساواة الناس جميعاً في الكرامة والحقوق والحريات.

ب - مساواة الناس جميعاً أمام القانون.

ج - مساواتهم جميعاً في حرية رفع قضاياهم أمام المحاكم الوطنية المختصة.

د - مساواتهم جميعاً في حرية رفع قضاياهم أمام محكمة مستقلة نزيهة عادلة.

هـ - مساواتهم جميعاً في أجر متساو للعمل المتساوي.

و - مساواة الرجال والنساء فيما ذكر آنفاً من حقوق .

وبمقارنة ما ورد في القانون الدولي العام من مساواة الناس جميعاً في ما ذكر آنفاً مع ما ورد في الإسلام من مساواة في هذه الأمور يتضح لنا أن القانون الدولي يساوي بين الناس جميعاً في الحقوق والحريات وأنهم جميعاً سواسية أمام القانون وأن لكل إنسان الحق في وضع قضيته إلى المحكمة لإنصافه ورفع الظلم عنه.

ولا فرق في ذلك بين رجل وامرأة ٠ وبهذا يتفق القانون الدولي العام مع الإسلام في تحقيق المساواة في الحقوق والحريات والكرامة، تحقيقاً للعدل بين الناس جميعاً بغض النظر عن الجنس أو اللون أو الدين أو الثراء، أو الجاه، أو السلطان...

رابعاً: حقوق المرأة السياسية في الإسلام والقانون الدولي:

حقوق المرأة السياسية في الإسلام:

لم يكن للمرأة العربية في صدر الإسلام حقوق سياسية كما كان للرجال، لذا فلم تجتمع مع الصحابة في سقيفة بني ساعدة إثر وفاة الرسول محمد صلى الله عليه وسلمللتشاور فيمن يختارونه خليفة لهم، ولم تشارك الرجال في هذا الشأن، ولم نعلم أن الخلفاء الراشدين - بصفة خاصة - كانوا يجمعون النساء لاستشارتهم في قضايا الدولة، كما يفعلون ذلك مع الرجال، ولم نعلم أيضاً أن المرأة كانت تسير مع الرجل جنباً إلى جنب في إدارة شؤون الدولة وسياستها وقيادة معاركها ٠ وكل ما نقل التاريخ أن النبي محمد صلى الله عليه وسلم قد بايع النساء دون مصافحتهن وقد كان موضوع هذه البيعة على الالتزام بطاعة الله في كل ما أمر واجتناب كل ما نهى عنه الله تعالى: وليس في هذا دليل على أن الرسول قد أقر للنساء بالحقوق السياسية.

ونعلم أنه في بعض أدوار التاريخ الإسلامي تولت إحدى النساء الملك والحكم " كما فعلت شجرة الدر، وأن منهن من كنّ ذات تـأثير كبـير عـلى أزواجهـنّ، كزبيـدة زوجة الرشيد.

ولكن هذه الحوادث كانت فردية، وتـدخلهنّ إنمـا كـان مـن قبيـل السـيطرة والنفوذ على أزواجهنّ، على أنه إسهام منهن في سياسة الدولة بالمعنى المفهـوم اليـوم [١] .

وبالرغم من إقرار الإسلام حقوقاً كثـيرة للمـرأة العربيـة إلا أنهـا كانـت تـؤثر العمل داخل المنزل، أكثر من عملها خارجه، لأن تربية الأبناء والبنات أعظـم أثـراً مـن جمع الدريهمات " غير أن المرأة المسلمة لم تبق على مـا كانـت عليـه قابعـة في بيـت الزوجية، تتفرغ لشؤون زوجها وأولادها، بل أخذت تتـأثر بالحضـارة الغربيـة أو أخـذ المقتنعون باتجـاه الحضـارة الغربيـة في قضيـة المـرأة يطـالبون لهـا بـأن تنـال حقوقـاً سياسية كالرجل ٠

وأياً ما كان فهل للمرأة العربية، والمرأة المسلمة حق الانتخاب وحق النيابـة، وحـق تـولي رئاسـة الدولـة والوظـائف العامـة القياديـة والقضـاء في ظـل الصـيحات المتكررة، والتي تطالب بضرورة أن تنال حقها كاملاً كالرجل في ذلك؟؟

(١) المرأة بين الفقه والقانون، د٠ مصطفى السباعي ص١٥١، وما بعدها ٠ المكتب الإسلامي، دمشق، ط٣ ٠

لبيان ذلك، نقول:

١. حق المرأة العربية والمسلمة في الانتخاب[١]:

إن مبادئ الإسلام لا تمنع المرأة العربية والمرأة المسلمة من حق ممارسة الانتخاب، أي أن تنتخب شخصاً كفأً يدافع عن الإسلام وقضاياه العادلة ويدافع عن حقوق الإنسان التي جاء بها الإسلام وذلك ضمن ضوابط معينة، وهي تمنع الفتنة، وبالإمكان وضع ضوابط تمنع ذلك، إذْ ليس هذا مستحيلاً، أو صعباً ٠ إذا ما أخلصت النيات وحسنت ٠

ودليل هذا الحق: أن الانتخاب يقوم على اختيار الأمة لوكلاء ينوبون عنها في التشريع ومراقبة الحكومة، فعملية الانتخاب عملية توكيل، بمقتضاه يذهب الشخص إلى مركز الاقتراع، فيدلي بصوته فيمن يراهم وكلاء عنه في المجلس النيابي، يتكلمون باسمه ويدافعون عن حقوقه، والمرأة في الإسلام غير ممنوعة من أن توكل إنساناً بالدفاع عن حقوقها والتعبير عن إرادتها كمواطنة في المجتمع والمحظور عليها أمور أخرى نهى عنها الإسلام كتعرضها للفتنة.

٢. حق النيابة[٢]:

وإذا كانت مبادئ الإسلام لا تمنع أن تكون المرأة ناخبة، فهل تمنع أن تكون نائبة؟ والجواب عن ذلك: ليس في نصوص الإسلام الصريحة، ما يسلب المرأة أهليتها للعمل النيابي، كتشريع ومراقبة.

والنيابة تقوم على شيئين:

الأول: تشريع القوانين والأنظمة التي تحكم العباد.

الثاني: مراقب السلطة التنفيذية في تصرفاتها وأعمالها.

---

(١) المرأة بين الفقه والقانون، د٠ مصطفى السباعي ص ١٥٥، مرجع سابق ٠

(٢) المرجع السابق ص ١٥٦ وما بعدها ٠

وفي مجال التشريع ليس في الإسلام، ما يمنع أن تكون المرأة مشرعة، لأن التشريع يحتاج إلى العلم مع معرفة حاجات المجتمع وضروراته التي لا بد منها، والإسلام يعطي حق العلم للمرأة والرجل على السواء. وتاريخنا فيه الكثير من العالمات في الفقه والحديث وغيرهما من العلوم الأخرى.

وفي مجال مراقبة السلطة التنفيذية، ليس في الإسلام ما يمنع أن تكون المرأة مراقبة لذلك كالرجل، عن طريق الأمر بالمعروف والنهي عن المنكر والحسبة، والشورى وحرية التعبير والرأي في حدود ضوابط الشرع، وأدلة ذلك مفصلة وواضحة لا حاجة إلى ذكرها هنا.

وبناء على ذلك فليس في الإسلام ما يمنع المرأة أن تكون نائبة، ما دامت النيابة تقوم على العنصرين السابقين.

ولكن إذا نظرنا إلى الأمر من ناحية أخرى، نجد مبادئ الإسلام وقواعده تحول بينها وبين استعمال هذا الحق لا لعدم أهليتها، بل لأمور تتعلق بالمصلحة الاجتماعية.

٠٣ تولي المرأة الوظائف العامة القيادية:

أ - تولي المرأة رئاسة الدولة (الإمامة العظمى) :

لا خلاف بين علماء المسلمين في عدم جواز تولي المرأة رئاسة الدولة[1] (الإمامة العظمى) لقوله تعالى:" الرِّجَالُ قَوَّامُونَ عَلَى النِّسَاءِ" [2] وقوله محمد صلى الله عليه وسلم: "لن يفلح قوم ولّوا أمرهم امرأة "[3] ولأنه بالاستقراء لما جاء في التاريخ لم يثبت أنه صارت امرأة خليفة للمسلمين وأما شجرة الدر التي تولت الحكم، فقد كانت حالة فردية، لا يقاس عليها، وكان حكمها من قبيل السيطرة والنفوذ.

ولأن الخلافة لها مهام عظيمة، منها استقبال الحكام والقادة من مختلف أنحاء العالم، والجلوس على موائد واحدة، للبحث في أمور كثيرة، وهذا يتنافى مع طبيعة المرأة ومع ما رسمه الإسلام لها من قيود في حدود الشرع.

ولأن المرأة معرضة للحمل، وقد يحول بينها وبين تقليدها وظائفها العامة القيادية .

ب- تولي المرأة الوظائف العامة الأخرى القيادية كالوزارات والإدارات العامة والشركات:

القول في هذا كالقول في توليها رئاسة الدولة على الصحيح والمعتمد عند علماء المسلمين.

وأما توليها الوظائف العادية،فيجوز شريطة أمن الفتنة.

---

(1) بداية المجتهد ونهاية المقتصد، أبو الوليد محمد بن أحمد بن محمد بن أحمد بن رشد القرطبي، المكتبة التجارية الكبرى، مصر، ٤٢١/٢. والمغني، أبو محمد عبدالله بن أحمد بن محمد، الرياض، مكتبة الرياض، ٣٩/٩-٤٠.
والمحلى،أبو محمد علي بن أحمد بن سعد، تحقيق: لجنة إحياء التراث العربي، دار الآفاق الجديدة، بيروت، ٣٦٠/٩.
ونيل الأوطار شرح منتقى الأخبار من أحاديث سيد الأخيار، مصطفى البابي الحلبي، مصر، ٢٩٨/٨، ونظرية الحكم القضائي في الشريعة والقانون، عبدالناصر أبو البصل، دار النفائس، ط١، ٢٠٠٠م، عمان- الأردن، ص١٤١. وروضة القضاة، وطريق النجاة لأبي القاسم السمناني الحنفي، مؤسسة الرسالة، بيروت، دار الفرقان، عمان، ط٢، ١٩٨٤م، ٥٣/١.

(2) سورة النساء / ٣٣ .

(3) أخرجه البخاري في صحيحه ١٦١٠/٤ حديث(٤١٦٣) كتاب النبي محمد صلى الله عليه وسلم إلى كسرى وقيصر، دار ابن كثير، اليمامة، بيروت، ١٩٨٧م.

ج - تولي المرأة القضاء:

اختلف العلماء المسلمون في تولي المرأة وظيفة القضاء على ثلاثة أقوال [1]:

القول الأول: لا يجوز تولي المرأة منصب القضاء، وهذا قول الجمهور: (المالكية ما عدا ابن القاسم [2] والشافعية [3] والحنابلة [4]).

ووجه ذلك ما يلي:

١. الأدلة التي ذكرت آنفاً في عدم مشروعية تولي المرأة الإمامة العظمى.

٢. ولأن القضاء من باب الولاية العامة، ولا يجوز لها تولي ذلك.

٣. "ولأن القاضي يحضره محافل الخصوم والرجال ويحتاج فيه إلى كمال الرأي وتمام العقل والفطنة، والمرأة ناقصة العقل، قليلة الرأي، ليست أهلاً للحضور في محافل الرجال، ولا تقبل شهادتها ولو كان معها ألف امرأة مثلها،ما لم يكن معهنّ رجل، وقد نبه الله تعالى على ضلالهنّ ونسيانهنّ" [5] بقوله تعالى: " أَنْ تَضِلَّ إِحْدَاهُمَا فَتُذَكِّرَ إِحْدَاهُمَا " [6].

٤. ولأن في تولي ذلك ما يعرضها إلى الفتنة.

---

(1) انظر: نظرية الحكم القضائي في الشريعة والقانون، مرجع سابق، ص١٤١-١٤٤، وروضة القضاة وطريق النجاة، مرجع سابق، ١/٥٣.

(٢) الشرح الكبير، أبو البركات سيدي أحمد، مطبوع مع حاشية الدسوقي، دار إحياء الكتب العربية، عيسى البابي الحلبي وشركاه، مصر، ١٢٩/٤.

وحاشية الدسوقي على الشرح الكبير، محمد عرفة، ومطبوع معها الشرح المذكور، نفس الطبعة، ١٢٩/٤، وبداية المجتهد ونهاية المقتصد، مصدر سابق، ٤٢١/٢.

(٣) نهاية المحتاج إلى شرح المنهاج، محمد بن أبي العباس أحمد بن حمزة الرملي، البابي الحلبي وأولاده، مصر، الطبعة الأخيرة، ١٣٨٦هـ- ١٩٦٧م، ٢٣٨/٨.

(٤) المغني، ابن قدامة، مصدر سابق، ٣٩/٩.

(٥) المصدر نفسه.

(6) سورة البقرة/ ٢٨٢.

القول الثاني: يجوز لها تولي منصب القضاء في المسائل المدنية (الأموال) وما في حكمها، ولا يجوز لها تولي القضاء في الحدود والمسائل الجنائية، وهذا قول الحنفية[1] وابن القاسم من المالكية[2].

ووجه هذا القول: قياس القضاء على الشهادة. فما جاز لها الشهادة فيه كالأموال ونحوها جاز لها تولي القضاء فيه.

القول الثالث: يجوز للمرأة تولي القضاء في الحقوق كلها، سواء أكانت حقوقاً لله أم خالصة للعباد أم مشتركة، وهذا قول ابن حزم[3] وابن جرير الطبري[4].

ووجه هذا القول:

١. قوله تعالى:" إِنَّ اللَّهَ يَأْمُرُكُمْ أَنْ تُؤَدُّوا الْأَمَانَاتِ إِلَى أَهْلِهَا وَإِذَا حَكَمْتُمْ بَيْنَ النَّاسِ أَنْ تَحْكُمُوا بِالْعَدْلِ ج "[5].

قال ابن حزم: "وهذا متوجه بعمومه إلى الرجل والمرأة والحر والعبد، والدين كله واحد إلا حيث جاء النص بالفرق بين المرأة والرجل وبين الحر والعبد، فيستثنى حينئذ من عموم إجمال الدين"[6].

---

(١) بدائع الصنائع في ترتيب الشرائع، علاء الدين أبو بكر بن مسعود الحنفي، ط٢، دار الكتاب العربي، ١٤٠٢هـ-١٩٨٢م، ٣/٧.

والهداية شرح بداية المبتدي، مطبوعة مع فتح القدير شرح الهداية، ٢٥٣/٧.

وفتح القدير شرح الهداية، كمال الدين محمد بن عبدالواحد بن الهمام، ط١، مكتبة ومطبعة مصطفى البابي الحلبي وأولاده، مصر، ١٣٨٩هـ-١٩٧٠م، ٢٥٣/٧.

(٢) الحطاب، مواهب الجليل شرح مختصر خليل، دار عالم الكتب، الرياض، ٦٥/٨-٦٦.

(٣) المحلى بالآثار، ابن حزم، مصدر سابق، ٤٢٩/٩-٤٣٠.

(٤) نيل الأوطار، شرح منتقى الأخبار من أحاديث سيد الأخيار، مصدر سابق، ٢٩٨/٧.

وبداية المجتهد ونهاية المقتصد، لابن رشد، مصدر سابق، ٤٢١/٢.

(٥) سورة النساء/ ٥٨.

(٦) ابن حزم، المحلى بالآثار، مصدر سابق، ٤٢٩/٩-٤٣٠.

٢. وقوله محمد صلى الله عليه وسلم:" كلكم راعٍ وكلكم مسؤول عن رعيته، الإمام راعٍ، ومسؤول عن رعيته،والرجل راعٍ في أهله، وهو مسؤول عن رعيته، والمرأة راعية في بيت زوجها ومسؤولة عن رعيتها، والخادم راع في مال سيده ومسؤول عن رعيته"(١).

وفي هذا دلالة على أنها قادرة على الولاية والإدارة في البيت، ويقاس عليها الولايات والإدارات التي تمارس خارج ذلك ٠

٣. وكذلك قياس القضاء على الفتوى، فكما جاز لها الإفتاء، جاز لها القضاء.

٤. وقياس الولاية على الشهادة، فكما جاز لها تحمل الشهادة وأداؤها في الحقوق، جاز لها تولي القضاء كذلك.

ومما تقدم يتضح لنا أن القول الراجح هو القول الأول القائل بعدم جواز تولي المرأة القضاء، لما ذكره أصحاب هذا القول من أدلة قوية بالمقارنة مع أدلة القولين الآخرين.

ويضاف إلى ذلك ما رواه بريدة عن النبي -صلى الله عليه وسلم- قال: "القضاة ثلاثة: واحد في الجنة واثنان في النار، فأما الذي في الجنة، فرجل عرف الحق فقضى به، ورجل عرف الحق وجار في الحكم فهو في النار، ورجل قضى للناس على جهل فهو في النار"(٢).

وهذا دليل على اشتراط كون القاضي رجلاً، لقوله فيه "رجل، رجل"، فدل بمفهومه على خروج المرأة من دائرة القضاء(٣).

---

(١) أخرجه البخاري، صحيح البخاري، حديث (٨٥٣)، باب الجمعة في القرى والمدن، دار ابن كثير، بيروت، ١٩٨٧م، ٣٠٤/١.

(٢) أخرجه ابن ماجه وأبو داود والترمذي والنسائي والحاكم، وصححه، نيل الأوطار، محمد بن علي بن محمد الشوكاني، مصطفى البابي الحلبي وأولاده، مصر، ٢٩٧/٧-٢٩٨.

(٣) المصدر نفسه.

حقوق المرأة السياسية في القانون الدولي:[1]

جاء في الإعلان العالمي لحقوق الإنسان:

٠١ نص المادة الأولى:" يولد جميع الناس أحراراً متساوين في الكرامة والحقوق، وقد وهبوا عقلاً وضميراً، وعليهم أن يعامل بعضهم بعضاً بروح الإخاء"٠

٠٢ ونص المادة الحادية والعشرين فقرة(٣)" إن إرادة الشعب هي مصدر سلطة الحكومة، ويعبر عن هذه الإرادة بانتخابات نزيهة دورية، تجري على أساس الاقتراع السري، وعلى قدم المساواة بين الجميع، أو حسب أي إجراء مماثل يضمن حرية التصويت ".

ويفهم من نص هاتين المادتين ما يلي:

٠١ إن الناس جميعاً متساوون في الحقوق، ومن هذه الحقوق حق الانتخاب والنيابة وتولي الوظائف العامة القيادية، كتولي رئاسة الدولة والوزارات والإدارات العامة والشركات والقضاء ٠

٠٢ إن إرادة الشعب تجري على أساس الاقتراع السري عن طريق انتخابات نزيهة دورية يتساوى فيها جميع الناس ٠

٠٣ لا فرق بين رجل وامرأة في حق الانتخابات والنيابة

ومما تقدم يتضح لنا ما يلي:

٠١ الإسلام والقانون الدولي يقر للمرأة بحق الانتخاب والنيابة، لكن الإسلام ينظر إلى ذلك بنفور بخلاف القانون الدولي وسبب ذلك أن القانون الدولي لا يقيم وزناً للأضرار الاجتماعية الناجمة عن ممارسة هذين الحقين، بينما الإسلام يقيم وزناً لذلك .

---

(١) القانون الدولي العام، مرجع سابق ص ٩٩٦، ٩٩٩ ٠

٠٢ إن الإسلام لا يقر للمرأة بحق تولي رئاسة الدولة والوظائف العامة القيادية لما يترتب على ذلك من أضرار اجتماعية، بينما القانون الدولي يقر لها بهذه الحقوق لأنه لا يقيم وزناً لهذه الأضرار ٠

٠٣ إن القانون الدولي يقر للمرأة بحق تولي القضاء في مختلف القضايا بينما وقع الاختلاف بين علماء المسلمين في توليها ذلك ٠

خامساً: حق الحريات في الإسلام والقانون الدولي:

٠١ حق حرية العقيدة والعبادة في الإسلام والقانون الدولي:

حق حرية العقيدة والعبادة في الإسلام:

أ - حق حرية العقيدة[١] :

لقد كفل الإسلام للإنسان، سواء أكان رجلاً أم امرأة الحرية الكاملة فيما يعتقد، سواء اعتنق الإسلام أم اعتنق العقائد الأخرى كالعقيدة المسيحية، وهذا قبل دخوله الإسلام طواعية واختيار.

قال تعالى: " لَا إِكْرَاهَ فِي الدِّينِ قَدْ تَبَيَّنَ الرُّشْدُ مِنَ الْغَيِّ فَمَنْ يَكْفُرْ بِالطَّاغُوتِ وَيُؤْمِنْ بِاللَّهِ فَقَدِ اسْتَمْسَكَ بِالْعُرْوَةِ الْوُثْقَى لَا انْفِصَامَ لَهَا وَاللَّهُ سَمِيعٌ عَلِيمٌ(٢٥٦) "[٢]. وقال تعالى فَمَنْ شَاءَ فَلْيُؤْمِنْ وَمَنْ شَاءَ فَلْيَكْفُرْ "[٣]. ولو أراد الله تعالى للناس أن يؤمنوا بعقيدة معينة، لفعل ذلك. قال تعالى: " وَلَوْ شَاءَ رَبُّكَ لَجَعَلَ النَّاسَ أُمَّةً وَاحِدَةً "[٤]. وإنّ حرية العقيدة تستلزم حرية المناقشة الدينية[٥]. قال تعالى: " أَلَمْ تَرَ إِلَى الَّذِي حَاجَّ إِبْرَاهِيمَ فِي رَبِّهِ أَنْ آتَاهُ اللَّهُ الْمُلْكَ إِذْ قَالَ إِبْرَاهِيمُ رَبِّيَ الَّذِي يُحْيِي وَيُمِيتُ قَالَ أَنَا أُحْيِي وَأُمِيتُ قَالَ إِبْرَاهِيمُ فَإِنَّ اللَّهَ يَأْتِي بِالشَّمْسِ مِنَ الْمَشْرِقِ فَأْتِ بِهَا مِنَ الْمَغْرِبِ فَبُهِتَ

---

(١) حقوق الإنسان، الشيشاني ص ٤٩٣ وما بعدها، مرجع سابق، والتشريع الجنائي الإسلامي، ١/٣٢-٣٣ .

(٣) سورة الكهف / ٢٩ .

(٤) سورة هود / ١١٨ .

(٥) حقوق الإنسان، الشيشاني ص ٥٠٩، مرجع سابق .

الَّذِي كَفَرَ "[1]. وقال تعالى:" قُلْ يَا أَهْلَ الْكِتَابِ تَعَالَوْا إِلَى كَلِمَةٍ سَوَاءٍ بَيْنَنَا وَبَيْنَكُمْ أَلَّا نَعْبُدَ إِلَّا اللَّهَ وَلَا نُشْرِكَ بِهِ شَيْئًا وَلَا يَتَّخِذَ بَعْضُنَا بَعْضًا أَرْبَابًا مِنْ دُونِ اللَّهِ فَإِنْ تَوَلَّوْا فَقُولُوا اشْهَدُوا بِأَنَّا مُسْلِمُونَ(٦٤) "[2].

ولقد رسم القرآن الكريم الأسلوب الأمثل المقنع عند مناقشة غير المسلمين، قال تعالى:" ادْعُ إِلَى سَبِيلِ رَبِّكَ بِالْحِكْمَةِ وَالْمَوْعِظَةِ الْحَسَنَةِ وَجَادِلْهُمْ بِالَّتِي هِيَ أَحْسَنُ " [3]. وقال تعالى:" وَلَا تُجَادِلُوا أَهْلَ الْكِتَابِ إِلَّا بِالَّتِي هِيَ أَحْسَنُ" [4]. وقد خاطب القرآن الكريم أهل الأديان الأخرى بقوله تعالى:" قُلْ هَاتُوا بُرْهَانَكُمْ إِنْ كُنْتُمْ صَادِقِينَ(١١١) "[5].

ب - حق حرية العبادة:

لقد كفل الإسلام حق حرية العبادة للمسلم سواء أكان رجلاً أم امرأة، واعتبر ذلك حقاً من حقوقه الأساسية التي خلق الإنسان من أجلها ٠

كما كفل هذا الحق لأهل الديانات الأخرى، فجعل لهم حرية العبادة دون أن يكون هناك انتقاد أو تحرش بهم ٠ وبناء على ذلك فلهم الحق في ممارسة طقوسهم الدينية، ولا يجوز للمسلم أن يعتدي على هذا الحق، فيسيء إليه.[6]

---

(1) سورة البقرة / ٢٥٨ ٠
(2) سورة آل عمران /٦٤ ٠
(3) سورة النحل / ١٢٥ ٠
(4) سورة العنكبوت / ٤٦ ٠
(5) سورة البقرة / ١١١ ٠
(6) حقوق الإنسان، الشيشاني ص ٥١٥-٥١٦، مرجع سابق والتشريع الجنائي الإسلامي، ٣١/١ - ٣٣ ٠

ومما يدل على ذلك:[١]

٠١ وصية أبي بكر رضي الله عنه للجيش الذي وجه إلى بلاد الشام بقيادة أسامة بن زيد رضي الله عنه[٢].

٠٢ العهد الذي كتبه عمر بن الخطاب رضي الله عنه لأهل إيلياء (القدس)، وقد تضمن إعطاء الأمان لأهل القدس على أنفسهم وأموالهم وصلبانهم وكنائسهم[٣]

٠٣ معاهدة عمرو بن العاص رضي الله عنه مع أقباط مصر بعد فتحها،ومما جاء فيها:ان عمر بن العاص أقر بأنه أعطى النصارى عهدا على أن يقولوا في كنائسهم ما بدا لهم ولا يحملهم ما لا طاقة لهم به،وأنه يخلى بينهم وبين أحكامهم[٤]

حق حرية العقيدة والعبادة في القانون الدولي:

جاء في الوثائق العالمية الدولية ما يلي:[٥]

نصت المادة الثامنة عشرة، من الإعلان العالمي لحقوق الإنسان:

لكل شخص الحق في حرية التفكير والدين والضمير، ويشمل هذا الحق حرية تغيير ديانته، وحرية الإعراب عنهما بالتعليم والممارسة والقيام بالطقوس الدينية ومراعاتها سواء أكان سراً أم جهراً، منفرداً أو مع جماعة، وفصلت المادة الثامنة عشر من الاتفاقية الدولية للحقوق المدنية والسياسية هذه المبادئ على النحو التالي:

٠١ " لكل إنسان الحق في حرية الفكر والضمير والحرية الدينية، وهذا الحق يتضمن حرية كل إنسان في أن يدين بدين ما، وحريته في اعتناق أي دين أو

---

(١) حقوق الإنسان، الشيشاني ص ٥١٥ – ٥١٦، مرجع سابق ٠

(٢) انظر: تاريخ الطبري ٢٤٦/٢،دار الكتب العلمية،بيروت،ط١، ١٤٠٧هـ

(٣) انظر: تاريخ الطبري ٤٤٩/٢،المرجع السابق

(٤) انظر: المعجم الكبير للطبراني ٢٦١/١٨ رقم٦٥٤ مكتبة العلوم والحكمة،الموصل،١٩٨٣م٠

(٥) قانون حقوق الإنسان ص ٣٣٣ – ٣٣٤ مرجع سابق والقانون الدولي العام ص٩٩٩، مرجع سابق ٠

معتقد يختاره، وحريته في إظهار دينه، أو معتقدة بالتعبد وإقامة الشعائر والممارسة والتعليم بمفرده أو مع جماعة، وأمام الملأ أو على حدة ".
٠٢" لا يجوز تعريض أحد لإكراه من شأنه أن يخل بحريته في أن يدين بدين ما، أو بحريته في اعتناق أي دين، أو معتقد يختاره".
٠٣"لا يجوز إخضاع حرية الإنسان في إظهار دينه أو معتقده إلاّ للقيود التي يفرضها القانون، والتي تكون ضرورية لحماية السلامة العامة أو النظام العام، أو الصحة العامة، أو الآداب العامة،أو حقوق الآخرين أو حرياتهم الأساسية"
٠٤ " تتعهد الدول الأطراف في هذه الوثيقة بالعمل على احترام حرية الآباء، أو الأوصياء وإن وجدوا في توفير التعليم الديني والخلقي لأولادهم بما يتفق وعقائدهم ".

ومما تقدم يتضح لنا ما يلي:

٠١ لقد أقرت المواد السابقة بحق المرأة والرجل والطفل في حرية الفكر والضمير والحرية الدينية.
٠٢ لا يجوز إكراه أي شخص على أن يدين بدين ما أو يكرهه على أن يترك دينه إلى دين آخر.
٠٣ لا يجوز تقييد الحرية الدينية إلا ما كان فيها ضرورياً لحماية السلامة العامة والنظام العام أو الصحة العامة، أو الآداب العامة، أو حقوق الآخرين وحرياته الأساسية.
٠٤ تتعهد الدول الموقعة على الوثيقة العالمية بالعمل على احترام حرية الآباء أو من ينوب عنهم في توفير التعليم الديني والخلقي لأبنائهم بما يتفق مع عقائدهم ٠

وبمقارنة ما ورد في هذه الوثائق العالمية مع ما جاء به الإسلام في حرية العقيدة والعبادة يتضح لنا ما يلي:

٠١ يتفق القانون الدولي مع الإسلام في إقرار حرية العقيدة والعبادة لكل إنسان.
٠٢ لغير المسلم حرية العقيدة والعبادة مطلقاً في نظر الإسلام ٠
٠٣ ليس للمسلم الحق في تعديل دينه إلى دين آخر ٠
٠٤ لكل إنسان استعمال الوسيلة الشرعية للتعبير عن عبادته وعقيدته ٠
٠٥ حرية التفكير تكون في حدود مبادئ الإسلام ونصوصه ٠

٢- حق حرية التفكير والرأي والتعبير في الإسلام والقانون الدولي :

حق حرية التفكير والرأي والتعبير في الإسلام:

أ - حق حرية التفكير :

حث الإسلام على التفكير في الآيات الدالة على وجوده، ليزداد المسلم إيماناً به، سواء أكان رجلاً أم امرأة، ولهذا كان التفكير وإعماله في الآيات الدالة على وجود الله تعالى، وسيلة إلى الوصول إلى عقيدة صحيحة ٠

ولقد راعى الإسلام حرية التفكير، لأنه ثمرة العقل السليم، وحرمته من حرمة العقل، ولقد حث الإسلام على ضرورة أن يقوم العقل بدوره في التشاور في اكتشاف أسرار الكون والتعرف على الحقائق، فدعا إلى النظر إلى ما في السموات وما في الأرض، وأيد جميع الفتوحات العلمية، واعتبر العالمين بأسرار الكون والحياة بُصراء والجهال عميان [١].

قال تعالى:" أَفَلَمْ يَسِيرُوا فِي الْأَرْضِ فَتَكُونَ لَهُمْ قُلُوبٌ يَعْقِلُونَ بِهَا أَوْ آذَانٌ يَسْمَعُونَ بِهَا فَإِنَّهَا لَا تَعْمَى الْأَبْصَارُ وَلَكِنْ تَعْمَى الْقُلُوبُ الَّتِي فِي الصُّدُورِ (٤٦) "[٢]. وقال تعالى"قُلْ هَلْ يَسْتَوِي الْأَعْمَى وَالْبَصِيرُ أَفَلَا

---

(١) حقوق الإنسان، عبدالسلام الترمانيني ص ٢٩ - ٣٠، مرجع سابق، والتشريع الجنائي الإسلامي، ٢٩/١ - ٣١، وراجع: دور حرية الرأي في الوحدة الفكرية بين المسلمين، عبدالمجيد النجار، المعهد العالمي للفكر الإسلامي، سلسلة أبحاث علمية رقم ٦ ص ٢٧ وما بعدها ٠

(٢) سورة الحج / ٤٦ ٠

تَتَفَكَّرُونَ(٥٠) "[١]. **وقال تعالى:"** أَوَلَمْ يَتَفَكَّرُوا فِي أَنْفُسِهِمْ مَا خَلَقَ اللَّهُ السَّمَاوَاتِ وَالْأَرْضَ وَمَا بَيْنَهُمَا إِلَّا بِالْحَقِّ وَأَجَلٍ مُسَمًّى" [٢].

والقرآن الكريم عندما فرض التفكير، كان يقصد إعمال العقل البشري بكل وظائفه [٣]. قال تعالى:" قُلِ انْظُرُوا مَاذَا فِي السَّمَاوَاتِ وَالْأَرْضِ وَمَا تُغْنِي الْآيَاتُ وَالنُّذُرُ عَنْ قَوْمٍ لَا يُؤْمِنُونَ(١٠١) "[٤]. **وقال تعالى:"** أَوَلَمْ يَنْظُرُوا فِي مَلَكُوتِ السَّمَاوَاتِ وَالْأَرْضِ وَمَا خَلَقَ اللَّهُ مِنْ شَيْءٍ "[٥]. وقال تعالى في عاقبة عدم استعمال التفكير: تَحْسَبُهُمْ جَمِيعًا وَقُلُوبُهُمْ شَتَّى ذَلِكَ بِأَنَّهُمْ قَوْمٌ لَا يَعْقِلُونَ(١٤) "[٦].

والحث على التفكير هو بداية الطريق للدعوة إلى التعبير عنه، ودعوة إلى إبداء الرأي بهدف تحقيق الخير والرشاد ضمن الوجهة السديدة [٧].

ب - حرية الرأي والتعبير:

لقد كفل الإسلام حرية الرأي والتعبير لكل فرد ويعيش في المجتمع الإسلامي، سواء أكان رجلاً أم امرأة،[٨] ومما يدل على ذلك:

---

(١) سورة الأنعام / ٥٠ ٠

(٢) سورة الروم / ٨ ٠

(٣) حقوق الإنسان، الشيشاني ص ٢٥ - ٢٨ ٠

(٤) سورة يونس / ١٠١ ٠

(٥) سورة الأعراف / ١٨٥ ٠

(٦) سورة الحشر / ١٤ ٠

(٧) حقوق الإنسان، الشيشاني من ٥٧ وحقوق الإنسان، عبدالسلام الترمانيني ص ٣١ - ٣٢ ٠

(٨) حقوق الإنسان، الشيشاني ص ٥٧ والتشريع الجنائي الإسلامي ٣٣/١ - ٣٥ ودور حرية الرأي، مرجع سابق ص٤٣ وما بعدها٠

٠١ قوله تعالى:" وَلْتَكُنْ مِنْكُمْ أُمَّةٌ يَدْعُونَ إِلَى الْخَيْرِ وَيَأْمُرُونَ بِالْمَعْرُوفِ وَيَنْهَوْنَ عَنِ الْمُنْكَرِ ۚ "[١].

٠٢ وقوله محمد صلى الله عليه وسلم:" لتأمرن بالمعروف، ولتنهونّ عن المنكر، أو ليوشكن الله أن يبعث عليكم عقاباً منه، ثم تدعونه فلا يستجاب لكم"[٢].

٠٣ وأقوال الصحابة تؤيد ذلك، ومنها:

- قول عمر بن الخطاب رضي الله عنه:"من رأى منكم فيّ اعوجاجاً، فليقومه،" وقد كان جواب أحد الناس إليه:" و الله لو رأينا فيك اعوجاجاً لقوّمناه بسيوفنا"[٣].
- وعن عبادة بن الصمت أنه قال:"بايعنا رسول الله صلى الله عليه وسلم على السمع والطاعة في المنشط والمكره،وأن لاننازع الأمر أهله،وأن نقوم،أو نقول الحق،حيث ما كنا،لا نخاف لومة لائم"[٤].
- وفي رواية أخرى: أن بعض الناس قال لعمر:" اتق الله، فقال بعض الحاضرين: أو تقول لأمير المؤمنين:" اتق الله"، فغضب عمر وقال: ألا فلتقولوها، لا خير فيكم إذا لم تقولوها، ولا خير فينا إذا لم نسمعها".

([١]) سورة آل عمران / ١٠٤ ٠

(٢) أخرجه الترمذي في صحيحه (٢١٦٩)، ٤٦٨/٤، تحقيق: إبراهيم عطوة عوض، دار إحياء التراث العربي، بيروت وقال: حديث حسن.

(٣) مصنف ابن أبي شيبة٩٩/٧حديث(٣٤٤٨٨)مكتبة الرشد،الرياض،ط١، ١٤٠٩هـ.

([٤]) أخرجه البخاري في صحيحه٢٦٣٣/٦حديث (٦٧٧٤)،دار ابن كثير،اليمامة،بيروت،١٩٨٧م٠

ولكن حرية الرأي، أو التعبير في الإسلام، ليست على الإطلاق، بل مقيدة بقيدين أساسيين، يتعلقان بمصلحة الدولة الإسلامية وهما:"[1]

٠١ أن لا يؤدي رأي الفرد أو الجماعة إلى تهديد سلامة النظام العام، أي الدولة.

٠٢ أن لا يؤدي إلى إشعال نار الفتنة في المجتمع.

حق حرية التفكير والرأي والتعبير في القانون الدولي:

جاء في الوثائق العالمية لحقوق الإنسان المتعلقة بحرية التفكير والرأي والتعبير ما يلي:"[2].

نصت المادة الثامنة عشرة، من الإعلان العالمي لحقوق الإنسان: " لكل شخص الحق في حرية التفكير والدين والضمير، ويشمل هذا الحق، حرية تغيير ديانته، أو عقيدته، وحرية الإعراب عنهما بالتعليم والممارسة والقيام بالطقوس الدينية، ومراعاتها، سواء أكان سراً، أم جهراً، منفرداً أم مع الجماعة " وقد سبق النص عليها.

وجاء نص المادة التاسعة عشرة منه:" لكل شخص الحق في حرية الرأي والتعبير ويشمل هذا الحق حرية اعتناق الآراء، دون أي تدخل، واستقاء وتلقي وإذاعة الأنباء والأفكار، دون تقيد بالحدود الجغرافية وبأية وسيلة كانت".

ونصت المادة التاسعة عشرة من الاتفاقية الدولية للحقوق المدنية والسياسية: "لكل إنسان حق في حرية التعبير ويشمل هذا الحق حريته في التماس مختلف ضروب المعلومات والأفكار وتلقيها ونقلها إلى الآخرين، دونما اعتبار للحدود، سواء على شكل مكتوب، أومطبوع أو في قالب فني أو بأية وسيلة أخرى يختارها".

---

(1) حقوق الإنسان، الشيشاني، ص٥٧١ ٠

(2) قانون حقوق الإنسان، مرجع سابق ص ٣٠٧، ٣٢٩ - ٣٣٠ والقانون الدولي العام، مرجع سابق ص ٩٩٩.

ونصت المادة الثامنة عشرة من هذه الاتفاقية: "لكل إنسان حق في حرية الفكر".

كما نصت المادة الخامسة عشرة من الاتفاقية الخاصة بالحقوق الاقتصادية والاجتماعية والثقافية على أن الدول الأطراف تقر بأن من حق كل فرد:

أ - أن يشارك في الحياة الثقافية.

ب - أن يتمتع بفوائد التقدم العلمي وتطبيقاته.

ج - أن يفيد من حماية المصالح المعنوية والمادية الناجمة عن أي أثر علمي أو فني أو أدبي من صنعه.

كما تعهدت الدول الأطراف في هذه المادة باحترام حرية البحث العلمي والنشاط الإبداعي.

ومما تقدم نعلم ما يلي:

أ - لقد أقرت المواد السابقة الواردة في الوثائق الدولية العالمية حق حرية التفكير وحرية الرأي والتعبير لكل إنسان، سواء أكان امرأة أم رجلاً.

ب - إن القانون الدولي قد وافق الإسلام بإقراره حق حرية التفكير والرأي والتعبير، في الجملة ٠

ج - إن القانون الدولي يخالف الإسلام بإطلاقه حرية التفكير وتغيير الديانة أو العقيدة،، بينما الإسلام يقيد هذه الحقوق بضوابط شرعية خوفاً من مجاورة حدود الله تعالى:" تِلْكَ حُدُودُ اللَّهِ فَلَا تَعْتَدُوهَا وَمَن يَتَعَدَّ حُدُودَ اللَّهِ فَأُولَئِكَ هُمُ الظَّالِمُونَ(٢٢٩) "[1].

(١)سورة البقرة / ٢٢٩ ٠

٣ - حق حرية التعلم والتعليم في الإسلام والقانون الدولي:

حق حرية التعليم والتعلم في الإسلام:

نظراً لأهمية العلم للأفراد وكذا الأسر والدول، فإن الإسلام قد جعله حقاً شرعياً أساسياً وضرورة لا غنى عنه لكل إنسان على وجه الأرض، بدون تمييز بين لون وجنس ولا بين غني وفقير، ولا بين حاكم ومحكوم ولا بين رجل وامرأة ولا بين كبير وصغير.

ولهذا فإن الإسلام يوجب على الأفراد والأسر والدول أن تتعلم العلوم الدنيوية والعلوم الأخروية، والاهتمام بالعلوم الدنيوية فحسب يؤدي إلى المدنية، بينما الاهتمام بالعلوم الأخروية والدنيوية معاً، يؤدي إلى الحضارة المنشودة.

ومما يدل على أن التعليم والتعلم من الحقوق الأساسية للإنسان، سواء أكان رجلاً أم امرأة حثّ الإسلام على ذلك بأدلة كثيرة، منها: قال تعالى: اقْرَأْ بِاسْمِ رَبِّكَ الَّذِي خَلَقَ (١) خَلَقَ الْإِنسَانَ مِنْ عَلَقٍ (٢) اقْرَأْ وَرَبُّكَ الْأَكْرَمُ (٣) الَّذِي عَلَّمَ بِالْقَلَمِ (٤)عَلَّمَ الْإِنسَانَ مَا لَمْ يَعْلَمْ(٥) "[١]. " قُلْ هَلْ يَسْتَوِي الَّذِينَ يَعْلَمُونَ وَالَّذِينَ لَا يَعْلَمُونَ"[٢]. وقال تعالى:" شَهِدَ اللَّهُ أَنَّهُ لَا إِلَٰهَ إِلَّا هُوَ وَالْمَلَائِكَةُ وَأُولُو الْعِلْمِ قَائِمًا بِالْقِسْطِ"[٣]. محمد صلى الله عليه وسلم:" طلب العلم فريضة على كل مسلم "[٤] وقوله محمد صلى الله عليه وسلم:" العلماء ورثة الأنبياء"[٥].

---

(١) سورة العلق /١ - ٥ .

(٢) سورة الزمر / ٩ .

(٣) سورة آل عمران / ١٨ .

(٤) أخرجه ابن ماجه في سننه، باب فضل العلماء والحث على طلب العلم، حديث٢٢٤، دار الفكر.

(٥) أخرجه أبو داود في سننه ٥٨/٤ كتاب العلم، باب الحث على طلب العلم، حديث ٣٦٤، دار الحديث، بيروت، ١٩٧٤م، والترمذي في سننه، كتاب العلم، باب ما جاء في فضل الفقه على العبادة، حديث(٢٦٨٢)، دار إحياء التراث العربي، بيروت، ٤٩/٥.

وقوله محمد صلى الله عليه وسلم:"يشفع يوم القيامة ثلاثة: الأنبياء، ثم العلماء، ثم الشهداء"[1] وقوله:محمد صلى الله عليه وسلم"من سلك طريقاً يلتمس فيه علماً، سهّل الله له طريقاً إلى الجنة "[2] وغير ذلك من أدلة كثيرة.

حق حرية التعليم والتعلم في القانون الدولي:

جاء في الوثائق العالمية الدولية فيما يتعلق بحق التعليم ما يلي: [3]

نصت المادة السادسة والعشرون من الإعلان العالمي لحقوق الإنسان: فقرة (١) لكل شخص الحق في التعليم ويجب أن يكون التعليم في مراحه الأولى والأساسية على الأقل بالمجان، وأن يكون التعليم الأولي إلزامياً، وينبغي أن يعمم الفني والمهني، وأن ييسر القبول للتعليم العالي على قدم المساواة التامة للجميع، على أساس الكفاءة.

وقد أكدت المادتان الثالثة عشرة والرابعة عشرة من الاتفاقية الدولية للحقوق الاقتصادية والاجتماعية والثقافية على المبادئ الواردة آنفاً.

ويتضح مما سبق أن القانون الدولي قد قرر ما يلي:

١. جعل التعليم حقاً لكل إنسان سواء أكان رجلاً أم امرأة أم طفلاً.
٢. جعل التعليم مجاناً في مراحله الأولى والأساسية على الأقل.
٣. جعل التعليم الأولي إلزامياً.

(1) أخرجه ابن ماجة في سننه، حديث(٤٣١٣)، كتاب الزهد، باب ذكر الشفاعة، دار الفكر .

(2) أخرجه الإمام مسلم في صحيحه ٢٠٧٤/٤، حديث (٢٦٩٩)، كتاب الذكر، تحقيق محمد فؤاد عبد الباقي، دار إحياء التراث العربي، بيروت.

(3) القانون الدولي العام، مرجع سابق .ص١٠٠١

٠٤ الاهتمام بالتعليم الفني والمهني، ومن مظاهر ذلك وجوب تعميمه على الناس

٠٥ يجب تيسير القبول للتعليم العالي في مراحله الأولى والعليا ويكون ذلك على قدم المساواة التامة للجميع بين الرجال والنساء والأطفال، وعلى أساس الكفاءة والمقدرة العلمية.

وبمقارنة ما ورد في نص المادة المشار إليها في القانون الدولي، أن ما نص عليه لا يختلف عما جاء به الإسلام من إقرار حق التعليم والتعلم لكل فرد سواء أكان رجلاً أم امرأة أم طفلاً وذلك على قدم المساواة بينهم ٠

كما أن الإسلام لا يمنع أن يكون التعليم إلزاميا في مراحله الأولى والأساسية، بل لا يمنع أن يكون التعليم إلزامياً في المراحل الدراسية كلها سواء أكانت جامعية أم غير جامعية، ولا يفرق الإسلام بين التعليم الفني والمهني والأكاديمي، فهذه العلوم كلها محل تقدير في الإسلام، والإسلام يشجعها، وأكبر دليل على ذلك الأدلة التي ذكرناها سابقاً، وهي ترى أن العلم فريضة على كل مسلم ومسلمة، ومن المهد إلى اللحد، والإسلام دعوة إلى العلم لأنه الوسيلة إلى الدعوة إلى الله الذي خلق الإنسان من أجل عبادته ٠

حق حرية الاجتهاد والتقليد في الإسلام:

أ - حق حرية الاجتهاد:

للمجتهد في الإسلام سواء أكان رجلاً أم امرأة الحرية في الاجتهاد إذا توفرت شروطه، وهو مظهر من مظاهر الحرية العلمية[١] ٠

ولهذا فإن الإسلام يحث عليه ويوجبه، إذ كان هناك مسوغ إليه ومما يدل على ذلك: قوله تعالى: " فَاعْتَبِرُوا يَا أُولِي الْأَبْصَارِ(٢) "[٢]. **وقوله تعالى:** "وَمَا يَذَّكَّرُ إِلَّا أُولُو الْأَلْبَابِ(٢٦٩) "[٣]. وقول معاذ عندما بعثه النبي محمد صلى الله عليه وسلم إلى اليمن، فقال له: بما تقضي؟ قال: بكتاب الله، قال: فإن لم تجد،قال: بسنة رسول الله، قال: فإن لم تجد، قال: أجتهد، ولا آلو (أي ولا أقصر)، فأقره الرسول محمدمحمد صلى الله عليه وسلم على ذلك[٤] ولأن الاجتهاد له مسوغاته الشرعية، خاصة في هذا الزمن الذي كثرت مستجداته الفقهية التي تحتاج إلى معرفة أحكامها الشرعية.

والقول بعدم مشروعية ذلك يوقع الناس في الحرج، وهذا يتنافى مع مقاصد الشريعة الإسلامية، قال تعالى:" وَمَا جَعَلَ عَلَيْكُمْ فِي الدِّينِ مِنْ حَرَجٍ ج "[٥]. **وقال تعالى:**" يُرِيدُ اللَّهُ بِكُمُ الْيُسْرَ وَلَا يُرِيدُ بِكُمُ الْعُسْرَ "[٦].

ولأن القول بالاجتهاد، يجعل تطبيق الإسلام صالحاً لكل زمان ومكان، وعدم القول به، يجعله غير صالح لذلك، وهذا ما لا يقره الإسلام، فالإسلام إنما

---

(١) حقوق الإنسان، الشيشاني ص ٦٠١ - ٦٠٢ ٠

(٢) سورة الحشر / ٢ ٠

(٣) سورة البقرة / ٢٦٩ ٠

(٤) أخرجه أبو داود في سننه، حديث (٣٥٩٢)، كتاب الأقضية، دار الحديث للطباعة والنشر، بيروت ٠

(٥) سورة الحج / ٧٨ ٠

(٦) سورة البقرة / ١٨٥ ٠

جاء رحمة للعاملين وسعادة للبشرية جمعاء،، لكن الاجتهاد لا يكون إلا في الفروع.

وللاجتهاد شروط:

<u>شرط الاجتهاد المطلق</u> [1]:

١. البلوغ.

٢. العقل .

٣. المعرفة بالدليل النقلي والعقلي.

٤. المعرفة بعلل الأحكام.

٥. المعرفة باللغة العربية.

٦. المعرفة بالإجماع، حتى لا يتعرض لخرقه بالرأي.

٧. المعرفة بالناسخ والمنسوخ.

٨. المعرفة بالحديث: الصحيح والضعيف وشرط المتواتر والآحاد وحال الرواة والتعديل والتجريح.

٩. العدالة، ليعتمد على قوله.

<u>شروط الاجتهاد المقيد</u> [2]:

يشترط في المجتهد المقيد في حكم خاص، ما اشترط للمجتهد المطلق، إلا أنه يكتفي فيه، بأن يكون عالماً في الجزء الذي تخصص فيه، دون ضرورة لمعرفة جميع الأحكام، والمجتهد الخاص إما أن يكون مجتهد مذهب، أو مجتهد فتوى، وهو أدنى الأنواع الثلاثة.

[1] حقوق الإنسان، الشيشاني، ص ٦٠١ – ٦٠٢ .
[2] المرجع نفسه .

وهذه الشروط لا تعتبر قيوداً على حرية التعليم، أو حرية الرأي، ولكنها تعتبر شروطاً فنية، استلزم دقة منصب الاجتهاد توافرها في المجتهد، صيانة للدين، ومنعاً للعبث بتشريعاته وأحكامه، حتى لا يتصدى للاجتهاد من ليس بأهل له[١].

ب - حق حرية التقليد:

التقليد يعتبر حالة من حالات الضرورة التي تعفى من الاجتهاد عند العجز عنه[٢] ولهذا فإن للمقلد سواء أكان رجلاً أم امرأة الحرية في تقليد أحد المجتهدين، فيما توصل إليه من حكم شرعي بناء على الدليل القوي الذي يطمئن له.

هذا إذا عرف الدليل القوي الذي يبنى عليه الحكم الشرعي، وأما إن لم يعرف ذلك، بأن كان عامياً، فله أن يقلد أئمة المذهب الذي يتبعه.

ومما يدل على حرية التقليد للرجل أو المرأة: قوله تعالى:" فَاسْأَلُوا أَهْلَ الذِّكْرِ إِنْ كُنْتُمْ لَا تَعْلَمُونَ(٤٣) "[٣]. ولأن إجماع الصحابة قد انعقد على جواز ذلك، فقد كانوا يفتون العامة، ولا ينكرون عليهم السؤال للفتيا، ولم يأمروهم نيل درجات الاجتهاد.

---

(١) حقوق الإنسان، الشيشاني، ص ٦٠١ - ٦٠٢ .
(٢) المرجع السابق، ص ٦٠٤ .
(٣) سورة النحل / ٤٣ .

٤- حق حرية العمل وحقوق العاملين والعاملات في الإسلام والقانون الدولي:

حق حرية العمل وحقوق العاملين والعاملات في الإسلام:

حق حرية العمل في الاسلام:

العمل حق من حقوق الإنسان في الإسلام (سواء أكان رجلاً أم امرأة) إذا كان مشروعاً، والعمل المشروع هو ما يتفق مع ما جاء به القرآن الكريم وسنة رسول الله محمد صلى الله عليه وسلم، وأدلة ذلك كثيرة منها: قوله تعالى:" **وَقُلِ اعْمَلُوا فَسَيَرَى اللَّهُ عَمَلَكُمْ وَرَسُولُهُ وَالْمُؤْمِنُونَ وَسَتُرَدُّونَ إِلَى عَالِمِ الْغَيْبِ وَالشَّهَادَةِ فَيُنَبِّئُكُمْ بِمَا كُنْتُمْ تَعْمَلُونَ(١٠٥)** "[١]. **وقوله تعالى "فَمَنْ يَعْمَلْ مِثْقَالَ ذَرَّةٍ خَيْرًا يَرَهُ (٧) وَمَنْ يَعْمَلْ مِثْقَالَ ذَرَّةٍ شَرًّا يَرَهُ(٨)** "[٢]. **وقوله تعالى:" وَوَجَدُوا مَا عَمِلُوا حَاضِرًا وَلَا يَظْلِمُ رَبُّكَ أَحَدًا(٤٩)** "[٣]. **وقوله تعالى:" وَلَتُسْأَلُنَّ عَمَّا كُنْتُمْ تَعْمَلُونَ(٩٣)** "[٤].

وفي مجال العمل في الزراعة يقول الرسول محمد صلى الله عليه وسلم:" ما من مسلم يزرع زرعاً أو يغرس غرساً، فليأكل منه طير، أو إنسان، أو بهيمة إلاّ كان له به صدقة"[٥]. ويقول محمد صلى الله عليه وسلم:" اطلبوا الرزق في خبايا الأرض"[٦]. ويقول محمد صلى الله عليه وسلم:" احرثوا فإن الحرث

---

(١) سورة التوبة / ١٠٥ ٠

(٢) سورة الزلزلة / ٧ - ٨ ٠

(٣) سورة الكهف / ٤٩ ٠

(٤) سورة النحل / ٩٣ ٠

(٥) أخرجه أحمد والبخاري ومسلم والترمذي، الجامع الصغير بشرح فيض القدير ٤٩٦/٥، حديث (٨٠٩٦) ٠

(٦) أخرجه الطبراني في المعجم الكبير ٥٤/١ حديث (١١٠٩) ط٢، مطبعة الزهراء الحديثة ٠

مبارك"[1] ويقول محمد صلى الله عليه وسلم:" إن قامت الساعة، وبيد أحدكم فسيلة، فإن استطاع أن لا يقوم حتى يغرسها، فليفعل"[2].

وفي مجال العمل في الصناعة يقول الله تعالى:" وَأَعِدُّوا لَهُمْ مَا اسْتَطَعْتُمْ مِنْ قُوَّةٍ وَمِنْ رِبَاطِ الْخَيْلِ تُرْهِبُونَ بِهِ عَدُوَّ اللَّهِ وَعَدُوَّكُمْ وَآخَرِينَ مِنْ دُونِهِمْ لَا تَعْلَمُونَهُمُ اللَّهُ يَعْلَمُهُمْ "[3]. **ويقول الله تعالى:"** وَأَنْزَلْنَا الْحَدِيدَ فِيهِ بَأْسٌ شَدِيدٌ وَمَنَافِعُ لِلنَّاسِ وَلِيَعْلَمَ اللَّهُ مَنْ يَنْصُرُهُ وَرُسُلَهُ بِالْغَيْبِ إِنَّ اللَّهَ قَوِيٌّ عَزِيزٌ(٢٥) "[4]. **ويقول الله تعالى:** " وَمِنْ أَصْوَافِهَا وَأَوْبَارِهَا وَأَشْعَارِهَا أَثَاثًا وَمَتَاعًا إِلَى حِينٍ (٨٠) "[5]. **ويقول الله تعالى:** وَلَهُ الْجَوَارِ الْمُنْشَآتُ فِي الْبَحْرِ كَالْأَعْلَامِ(٢٤) "[6]. ويقول عليه السلام:" ما أكل أحد طعاماً قط خيراً من أن يأكل من عمل يده، وإنّ نبي الله داود عليه السلام، كان يأكل من عمل يده"[7]. **ويقول الله تعالى في مجال التجارة:** يَا أَيُّهَا الَّذِينَ آمَنُوا لَا تَأْكُلُوا

---

(1) أخرجه أبو داود في مراسيله عن علي بن الحسين مرسلاً، الجامع الصغير بشرح فيض القدير ١٩٠/١ حديث (٢٥١)، دار الفكر ٠

(2) أخرجه الإمام أحمد في مسنده ١٨٤/٣،دار صادر، بيروت ٠

(3) سورة الأنفال / ٦٠ ٠

(٤) سورة الحديد / ٢٥ ٠

(٥) سورة النحل / ٨٠ ٠

(٦) سورة الرحمن / ٢٤ ٠

(7) أخرجه البخاري في صحيحه، حديث(٣٢٣٠)، كتاب البيوع، تحقيق قاسم الرفاعي، دار الأرقم، بيروت ٠

أَمْوَالَكُمْ بَيْنَكُمْ بِالْبَاطِلِ إِلَّا أَنْ تَكُونَ تِجَارَةً عَنْ تَرَاضٍ مِنْكُمْ"[1]. **ويقول الله تعالى:** وَأَحَلَّ اللَّهُ الْبَيْعَ وَحَرَّمَ الرِّبَا"[2]. ويقول عليه السلام:" أطيب الكسب عمل الرجل بيده، وكل بيع مبرور "[3].

وحرية الإنسان في الأعمال ليست مطلقة، وإنما مقيدة بقيود حتى لا تؤدي إلى الاعتداء على حقوق الأفراد والأسر والأمة ٠ ولذلك حرّم الإسلام كل ما يضر عقل الإنسان لتعاطي المخدرات، والخمور، وما في حكم ذلك، وكذلك الاتجار بها، واعتبر الإسلام الترويج لها بالتجارة والزراعة والصناعة والدعاية من قبيل الإفساد في الأرض، يستحق صاحبها العقوبة الإلهية.

وكذلك حرّم الاعتداء على المال بالسرقة والنهب والنصب والاحتيال والاحتكار والغش في التعامل والكذب ونحوه.

هذا:- وإن الإسلام يرى العناية والاهتمام بالنساء واعتبر العمل حقاً شرعياً للمرأة خاصة عند الحاجة أو الضرورة، مثلها في ذلك مثل الرجل وإن كان عملها في المنزل يفوق ذلك ونظراً لطبيعة المرأة فإن الإسلام اختار لها من الأعمال ما يتناسب مع ذلك، مثل التدريس والتطبيب والتمريض وغير ذلك من الوظائف والمهن الكثيرة التي تتفق مع أنوثتها ٠

ومن عناية الإسلام بالنساء عدم تكليفهنّ فوق طاقتهن، ولهذا لا تكلف المرأة المسلمة بالأعمال الشاقة التي لا تتفق مع أنوثتها ك الأعمال في المناجم وبناء البيوت وتعبيد الطرق وقيادة المركبات الثقيلة، بقصد الأجرة ونحو ذلك،

---

(1) سورة النساء / ٢٩ ٠

(2) سورة البقرة / ٢٧٥ ٠

(3) أخرجه الإمام أحمد والطبراني في المعجم الكبير والحاكم في مستدركه، حديث صحيح، الجامع الصغير بشرح فيض القدير ٥٤٧/١ حديث (١١٢٢)، دار الفكر ٠

وأما كالأعمال التي تتفق مع أنوثتها فلا حرج من القيام بهـا شريطـة أن تـتم وفق قواعد الشريعة وأصولها العامة.

حقوق العاملين والعاملات في الإسلام:

للعاملين والعاملات في الإسلام حقوق كثيرة أهمها:[1]

أ - حق العامل والعاملة في الأجرة كاملاً :

قال رسول الـلـه محمد صلى الله عليه وسلم:" ثلاثة أنا خصمهم يوم القيامـة، ومن كنت خصمه، خصمته يوم القيامة، رجـل أعطـى بي ثـم غـدر، ورجـل بـاع حـراً، فأكل ثمنه، ورجل استأجر أجيراً، ولم يوفـه أجره"[2]. وقال عليه السلام:" من اسـتأجر أجيراً فليسمّ له أجرته"[3].

ب - تعيين الأجرة:

لما رواه أبو سعيد الخدري:" نهى رسول عليه السلام عـن اسـتئجار الأجـير حتـى يبين له أجره"[4].

فإن لم تعين الأجرة، فللعامل أو العاملة أجرة المثل، حتى لا يكون العمل بلا مقابل.

ج - التعجيل بدفع الأجرة:

قال رسول الـلـه محمد صلى الله عليـه وسـلم:" أعطـوا الأجـير حقـه قبـل أن يجف عرقه"[5].

---

(1) اقتصادنا في ضوء القرآن الكريم والسنة، د٠ محمد حسن أبو يحيى ص١٨١ وما بعدها٠ وحقـوق الإنسـان، الشيشـاني ص ٤٦٣ وما بعدها.

(2) أخرجه البخاري في صحيحه، حديث(٤٦٩)(ك) البيوع، تحقيق قاسم الرفاعي، دار الأرقم، بيروت.

(3) أخرجه عبالرزاق في مصنفه، حديث(١٥٠٢٤)(ك) البيوع، تحقيق حبيب الـلـه الأعظمي، المجلس العلمي.

(4) أخرجه الإمام أحمد والنسائي والبيهقي، نيل الأوطار للشوكاني ٣٢٩/٥، مصطفى البابي الحلبي، الطبعة الأخيرة، والإمـام أحمد في مسنده ٦٨/٣، دار صادر، بيروت.

(5) أخرجـه الطـبراني في الجـامع الأوسـط وابـن ماجـه وأبـو يعـلى في مسـنده، الجـامع الصـغير بشرـح فـيض القـدير حديث(١١٦٤)، ٥٦٢/١، دار الفكر، بيروت. وقال السيوطي: الحديث ضعيف. (المصدر نفسه).

د - ضمان حق العمال والعاملات كافة في العمل على وجه التساوي:

وهـذا يسـتلزم أن يجـد كـل عامـل وعاملـة عمـلاً يتناسـب مـع تخصصـه أو طبيعته، وهم متسـاوون في ذلـك، بحيـث لا يجـوز محاباة الـبعض وحرمـان الـبعض الآخر.

وإيجاد عمل للعمال مطلب شرعـي، وضرورة ملحـة، يجـب عـلى الدولـة، أن تكفله لهم وأن تشجع العمال والعاملات عليه، مع مراعـاة طبيعـة الرجـل والمـرأة في العمل الذي يقوم به كل منهما يقـول الرسـول محمـد صـلى الله عليـه وسـلم:" لا و اللـه لأن يأخذ أحدكم حبلة، فيحتطب على ظهره، خير من أن يسأل أحـدا أعطـاه أو منعه"[1].

وروي أن رجلاً من الأنصار جاء إلى رسول اللـه محمد صـلى الله عليـه وسـلم فشكا له الفاقة، ثم رجع فقال يا رسول اللـه، لقد جئتك من أهل بيت ما أراني أرجع إليهم حتى يموت بعضهم، فقـال انطلـق هـل تجـد مـن شيء فـانطلق، فجـاء بحلـس وقدح فقال يا رسول اللـه هذا الحلس كانوا يفترشون بعضه ويلبسون بعضـه، وهـذا القدح كانوا يشربون فيه، فقال رسول اللـه محمد صلى الله عليه وسلم مـن يأخـذها مني بدرهم ؟ فقال رجل أنا يا رسول اللـه، فقال رسول اللـه محمـد صـلى الله عليـه وسلم: من يزيد على درهم؟ فقال رجل أنا آخذها بدرهمين، قال هما لك، فقال فـدعا الرجل، فقال اشتر فأساً بدرهم، وبدرهم طعاماً لأهلك، قال ففعل، ثم رجع إلى النبي محمد صلى الله عليه وسلمفقال انطلق إلى هذا الوادي فـلا تـدع حاجـاً ولا شـوكاً ولا حطباً ولا تأتي خمسة عشر يوماً، فـانطلق فأصـاب عشرـة دراهـم، ثـم جـاء إلى النبـي محمـد صـلى الله عليـه وسـلمفأخبره فقـال: انطلـق فاشـتر بخمسـة دراهـم طعامـاً وبخمسة كسوة لأهلك فقال: يا رسول اللـه، لقد بارك اللـه فيما أعرتني، فقـال هـذا خير من أن تجيء يوم

([1]) أخرجه مسلم في صحيحه، حديث١٠٤٢،(ك) الزكاة ٧٢١/٢ تحقيق محمد فؤاد عبد الباقي، دار إحياء الـتراث العـربي، بيروت، البخاري في صحيحه، حيث(١٤٧١) تحقيق قاسم الرفاعي، دار الأرقم، بيروت ٠

القيامة، وفي وجهك نكتة المسألة، أن المسألة لا تحل إلا لثلاثة لذي دم موجع، أو غرم مفظع أو فقر مدقع"[1].

وهذا الحديث يدل دلالة واضحة على أهمية العمل في رفع المعاناة، وأن ولي أمر المسلمين مأمور بإيجاد العمل المشروع، مهما كان نوعه بأية وسيلة شرعية.

هـ- التأمين من البطالة:

فإن لم يستطع الحاكم إيجاد العمل للعمال أو العاملات، وجب عليه تأمين البطالة بأن يدفع لهم ما يسد كفايتهم من الحاجات والضروريات ٠ لأن البطالة لها آثارها السيئة على الأفراد والأسر التي لا تخفى على ذي بصيرة، ومنها الأخطار الاجتماعية والاقتصادية، فإن لم تستطع الدولة ذلك، فإن الإسلام يوجب على الأغنياء سد هذه الكفاية تحقيقاً للتكافل الاجتماعي.

و - الرعاية الصحية:

الرعاية الصحية للعمال والعاملات حق شرعي يجب على الحاكم توفيره لهم، لأن توفير ذلك يحافظ على صحة هؤلاء، والمحافظة على صحتهم أمر ضروري، لأن به تتم المحافظة على النفس والعقل، وحفظ ذلك من الضروريات التي جاء الإسلام للمحافظة عليها.

ز - الترويح عن النفس:

الترويح عن النفس مطلب مشروع أقره الإسلام وحث عليه، لأن النفس ملول تحتاج إلى تجديد النشاط بالحوافز المشروعة التي لا تشكل اعتداء على حقوق الآخرين، ولهذا شرع العطلة الأسبوعية، لأن فيها ترويحاً للنفس بممارسة الهوايات المشروعة المتعددة ومنها الرياضة والسباحة المشروعة.

---

[1] أخرجه الإمام أحمد في مسنده ١١٤/٣،حديث (١٢١٥٥) مؤسسة قرطبة، أبو داود في سننه، حديث(١٦٤١) كتاب الزكاة باب (١٠) مؤسسة الكتب الثقافية، ط١، ١٩٨٩م٠

لهذا أمر اللـه تعالى أن لا يكلف العمال فوق طاقتهم، قال تعالى:" لَا يُكَلِّفُ اللَّهُ نَفْسًا إِلَّا وُسْعَهَا"[1] ، وعن سلمان الفارسيرضي الله عنه قال:" إن لربك عليك حقاً، ولأهلك عليك حقاً، فأعط كل ذي حق حقه " فأتى النبي محمد صلى الله عليه وسلم فذكر ذلك له، فقال له النبي محمد صلى الله عليه وسلم: صدق سلمان"[2].

وفي الأثر "روحوا القلوب ساعة بعد ساعة، فإن القلوب إذا كلت عميت"[3].

ح - إقرار الإسلام مبدأ الرحمة بالعمال:

يرى الإسلام أن مبدأ الرحمة بالعمال والعاملات حق لهم، وواجب على المسؤول تحقيقه، لقوله تعالى:" وَمَا أَرْسَلْنَاكَ إِلَّا رَحْمَةً لِلْعَالَمِينَ(١٠٧) "[4].

وقوله عليه السلام:" لا تنزع الرحمة إلا من شقي"[5]. وقوله عليه السلام:"من لا يرحم الناس لا يرحمه اللـه " [6].

ولا يتنافى مبدأ الرحمة بالعمال والعاملات مبدأ المساءلة للعمال إذا قصروا، فالرحمة شيء لا بد منها عندما تستدعي الظروف ذلك، والمساءلة شيء آخر لا بد منها عندما تستدعي الأمور ذلك لضمان إنتاج قوي يعضد الأمة ويقويها.

(1) سورة البقرة / ٢٨٦ ٠

(2) أخرجه البخاري، صحيح البخاري بشرح فتح الباري٢٤٦/٤ حديث(١٩٦٨) دار الريان للتراث، القاهرة، ط٢، ١٩٨٧م ٠

(3) كنز العمال، في سنن الأقوال والأفعال، علاء الدين علي بن حسام الدين الهندي، رقم (٥٣٥٤)، مؤسسة الرسالة، ١٩٨٩م .

(4) سورة الأنبياء / ١٠٧.

(5) أخرجه أبو داود في سننه ٤٤٢/٣ حديث(٤٩٤٢) كتاب الأدب، باب الرحمة، مؤسسة الكتب الثقافية ط١، ١٩٨٩م.

(6) أخرجه الإمام أحمد في مسنده ٤٠/٣ حديث (١١٣٨٠) مؤسسة قرطبة، بيروت ٠

وإن التقصير ليعتبر نوعاً من الإجرام، والمجرم لا يستحق الشفقة، ولهذا قال تعالى في بعض المجرمين:" الزَّانِيَةُ وَالزَّانِي فَاجْلِدُوا كُلَّ وَاحِدٍ مِنْهُمَا مِئَةَ جَلْدَةٍ وَلَا تَأْخُذْكُمْ بِهِمَا رَأْفَةٌ فِي دِينِ اللَّهِ إِنْ كُنْتُمْ تُؤْمِنُونَ بِاللَّهِ وَالْيَوْمِ الْآخِرِ"[1].

<u>حق حرية العمل وحقوق العاملين والعاملات في القانون الدولي:</u>[2]

نصت المواد التالية من الإعلان العالمي لحقوق الإنسان على ما يلي:

المادة الثانية والعشرون:

١٠ لكل شخص الحق في العمل، وله حرية اختيارية بشروط عادلة مرضية، كما أن له حق الحماية من البطالة.

٢٠ لكل فرد دون أي تمييز الحق في أجر متساو للعمل المتساوي.

٣٠ لكل فرد يقوم بعمل، الحق في أجر عادل مرضي يكفل له ولعائلته عيشة لائقة بكرامة الإنسان، تضاف إليه عند اللزوم، وسائل أخرى للحماية الاجتماعية.

٤٠ لكل شخص الحق في أن ينشئ مع الآخرين نقابات، أو ينضم إلى النقابات حماية لمصالحه.

المادة الرابعة والعشرون:

"ولكل شخص الحق في الراحة وفي أوقات الفراغ، ولا سيما في تحديد معقول لساعات العمل، وفي عطلات دورية بأجر".

---

(١) سورة النور / ٢ ٠
(٢) القانون الدولي العام ص ١٠٠٠ ٠

المادة الخامسة والعشرون:

" لكل شخص الحق في مستوى من المعيشة كافة للمحافظة على الصحة والرفاهية، له ولأسرته، ويتضمن ذلك التغذية والملبس والمسكن والعناية الطبية وكذلك الخدمات الاجتماعية اللازمة، وله الحق في تأمين معيشته في حالات البطالة والمرض والعجز والترهل والشيخوخة وغير ذلك من فقدان وسائل العيش نتيجة لظروف خارجة عن إرادته٠

وبمقارنة ما نص عليه القانون الدولي آنفاً مع ما جاء به الإسلام " يتضح لنا ما يلي:

يتفق القانون الدولي مع الإسلام فيما يلي:

٠١ إقرار حق العمل لكل إنسان، سواء أكان رجلاً أم امرأة ٠

٠٢ إقرار حماية لكل شخص من البطالة تحقيقاً للتكافل الاجتماعي كما هو معروف في الإسلام ٠

٠٣ إقرار أجر متساو للعمل المتساوي ٠

٠٤ إقرار الأجر العادل المرضي لكل فرد يكفل له ولعائلته عيشة لائقة بكرامته

٠٥ إقرار وسائل أخرى تضاف إلى الأجر المذكور عند اللزوم ٠ والإسلام يشجع ذلك من باب التكافل الاجتماعي بين أفراد المجتمع الإسلامي ٠

٠٦ لا مانع يمنع أي شخص سواء أكان رجلاً أم امرأة أن ينشئ مع الآخرين نقابات أو ينضم إلى النقابات حماية لمصالحه، وهذا ما ينص عليه القانون الدولي، ويرى الإسلام مشروعيته، باعتبار الأصل في الأشياء الإباحة، ما لم يرد دليل يحرم ذلك ٠

٠٧ لكل شخص الحق في الراحة وفي أوقات الفراغ وفي تحديد معقول لساعات العمل وفي عطلات دورية ٠

٠٨ لكل شخص الحق في مستوى معين من المعيشة للمحافظة على الصحة والرفاهية له ولأسرته والإسلام يقر بهذا ويشجعه في حدود الإمكانات المادية

٠٩ لكل إنسان الحق في تأمين معيشته في حالات البطالة والمرض والعجز والترهل والشيخوخة الخ والإسلام يقر بهذا تحقيقاً للتكافل الاجتماعي ٠

٥ - حق حرية التملك والتمليك في الإسلام والقانون الدولي:

حق حرية التملك والتمليك في الإسلام:

للإنسان سواء أكان رجلاً أم امرأة حق حرية التملك والتمليك في الإسلام ضمن ضوابط شرعية[١]. ومما يدل على ذلك: قوله تعالى:" آمِنُوا بِاللَّهِ وَرَسُولِهِ وَأَنْفِقُوا مِمَّا جَعَلَكُمْ مُسْتَخْلَفِينَ فِيهِ" [٢].

وقوله تعالى:" عليه السلام هُوَ الَّذِي جَعَلَ لَكُمُ الْأَرْضَ ذَلُولًا فَامْشُوا فِي مَنَاكِبِهَا وَكُلُوا مِنْ رِزْقِهِ وَإِلَيْهِ النُّشُورُ "[٣]. **وقوله تعالى:"** هُوَ أَنْشَأَكُمْ مِنَ الْأَرْضِ وَاسْتَعْمَرَكُمْ فِيهَا"[٤]. **وقوله تعالى:"** أَوَلَمْ يَرَوْا أَنَّا خَلَقْنَا لَهُمْ مِمَّا عَمِلَتْ أَيْدِينَا أَنْعَامًا فَهُمْ لَهَا مَالِكُونَ(٧١) "[٥]. **وقوله تعالى:"** لِلرِّجَالِ نَصِيبٌ مِمَّا اكْتَسَبُوا وَلِلنِّسَاءِ نَصِيبٌ مِمَّا اكْتَسَبْنَ"[٦].

---

[١] اقتصادنا في ضوء القرآن والسنة، د٠ محمد حسن أبو يحيى ص ٢٢٣ وما بعدها ٠

[٢] سورة الحديد / ٧ ٠

[٣] سورة الملك / ١٥ ٠

[٤] سورة هود / ٦١ ٠

[٥] سورة يس / ٧١ ٠

[٦] سورة النساء ٣٢ ٠

وقوله تعالى:" لَا تَأْكُلُوا أَمْوَالَكُمْ بَيْنَكُمْ بِالْبَاطِلِ إِلَّا أَنْ تَكُونَ تِجَارَةً عَنْ تَرَاضٍ مِنْكُمْ"[1]. وقوله عليه السلام من أحيا أرضاً ميتة فهي له، وليس لعرق ظالم حق"[2] .

فهذه الأدلة تدل بعمومها وإطلاقها على أن التملك والتمليك حق قد كفله الإسلام للإنسان سواء أكانت الملكية فردية، أو مشتركة، وهو لم يفرق بين مسلم وغير مسلم، ولا بين رجل وامرأة ولا بين صغير وبالغ في إقرار مبدأ الملكية، وهذا يدل على عدالة الإسلام وسماحته ويسره.

لكن حق التملك والتمليك ليس على إطلاقه، وإنما مقيد بقيود شرعية مراعاة لمصلحة المالك، أهمها:[3]

أ - إجبار المالك بضرورة استثمار ماله.

ب - أداء الزكاة المفروضة والمندوبة.

ج - الإنفاق في سبيل الله.

د - منع الوسائل المحرمة للحصول على المال.

هـ - قيود على حرية التصرف في المال كتحريم الإسراف والبخل، أو استخدامه لنفوذ سياسي، أو إثارة فتنة، أو فساد في الأرض.

و - الإرث والوصية.

ز - الكفارات والنذور والأضاحي وإكرام الضيف ومراعاة حقوق الجيران وغير ذلك من حقوق أخرى.

ح -حقوق الجيران وغير ذلك من حقوق أخرى.

---

(1) سورة النساء ٢٩ ٠

(2) أخرجه أبو داود في سننه ١٧٨/٣ حديث (٣٠٧٣)، كتاب الخراج والفيء والإمارة، باب في إحياء الموات، مؤسسة الكتب الثقافية ط١، ١٩٨٩م ٠

(3) راجع تفصيل ذلك: اقتصادنا في ضوء القرآن والسنة، محمد أبو يحيى ص٣٢١ وما بعدها وحقوق الإنسان، الشيشاني ص ٤٣٥ وما بعدها ٠

حق حرية التملك والتمليك في القانون الدولي:[1]

نصت المادة السابعة عشرة من الإعلان العالمي لحقوق الإنسان على ما يلي:

١. لكل شخص حق التملك بمفرده، أو بالاشتراك مع غيره.

٢. لا يجوز تجريد أحد من ملكه تعسفاً.

وبمقارنة ما نص عليه هذا القانون مع ما جاء به الإسلام فيما يتعلق بحق حرية التملك والتمليك، يتضح لنا ما يلي:

أ - يتفق القانون الدولي مع الإسلام في إقرار حرية التملك والتمليك لكل شخص سواء أكان رجلاً أم امرأة ... أو طفل، وسواء أكانت هذه الملكية فردية أم ملكية مشتركة.

ب - يتفق القانون الدولي مع الإسلام في عدم جواز أخذ مال الغير تعسفاً، فالقانون الدولي إذا كان يرى عدم جواز تجريد أحد من ملكه تعسفاً، فالإسلام قد رأى هذا قبل ألف وأربعمائة سنة.

ونصت المادة التاسعة والعشرون منه: فقرة (٢): "يخضع الفرد في ممارسة حقوقه وحرياته لتلك القيود التي يقررها القانون فقط لضمان الاعتراف بحقوق الغير وحرياته واحترامها لتحقيق المقتضيات العادلة للنظام العام والمصلحة العامة والأخلاق في مجتمع ديمقراطي " ...

وهذه القيود الواردة في القانون الدولي على حرية التملك والتمليك تتفق مع مبدأ قيود الملكية في الإسلام، وإذا كان من فارق، فإن قيود الملكية في القانون الدولي مستمدة من البشر، بينما قيود الملكية في الإسلام مستمدة منه.

---

(1) القانون الدولي العام مرجع سابق ص ١٠٠٢ .

٦ - حق حرية تكوين أسرة شرعية في الإسلام وفي القانون الدولي:

حق حرية تكوين أسرة شرعية في الإسلام:

شرع الإسلام الزواج، وجعل الأصل فيه الإباحة، ما لم يرد دليل يوجبه، أو يجعله مندوباً، أو حراماً، أو مكروهاً، كما هو معروف عند الفقهاء المسلمين؛ لأنه يحقق مقاصد شرعية كثيرة، أهمها:

- تحقيق المودة والرحمة والألفة.
- التعاون.
- الإحصان.
- التكاثر.
- عمارة الكون.
- الاستخلاف في الأرض.

والزواج حق للرجال والنساء على حد سواء.

وقد جعل الإسلام الزواج قائماً على مبدأ الرضا، فكما أن الرجل البالغ العاقل لا يجبر على الزواج، فكذلك لا تجبر المرأة البالغة العاقلة عليه، ثيباً أو بكراً، لقوله عليه السلام:" الأيم أحق بنفسها من وليها واليتيمة تستأمر وصمتها إقرارها " [١]. وقوله محمد صلى الله عليه وسلم:" لا تنكح الأيم حتى تستأمر، ولا تنكح البكر حتى تستأذن، قالوا: يا رسول الله، وكيف إذنها قال: أن تسكت " [٢].

كما جعل للمرأة المسلمة البالغة العاقلة، (ثيباً أم بكراً) حق إبرام عقد الزواج لنفسها ولغيرها، ولها كذلك أن توكل فيه وهو قول الإمام أبي حنيفة وأبي

(١) أخرجه أبو داود في سننه ٢٣٣/٢ حديث(٢١٠٠)و٢٣٢/٢ حديث(٢٠٩٩ باب، الثيب ٠

(٢) أخرجه البخاري في صحيحه بشرح فتح الباري ٩٨/٩ حديث(٥١٣٦٠) كتاب النكاح باب ٤١ لا ينكح الأب وغيره البكر والثيب إلاّ برضاها ٠

يوسف رحمهما الله، وهو القول الراجح[1]. للأدلة التالية: قال تعالى: " فَلَا تَعْضُلُوهُنَّ أَنْ يَنْكِحْنَ أَزْوَاجَهُنَّ"[2]. وقال تعالى: " فَلَا جُنَاحَ عَلَيْكُمْ فِيمَا فَعَلْنَ فِي أَنْفُسِهِنَّ بِالْمَعْرُوفِ "[3] ، وقال تعالى: " فَإِنْ طَلَّقَهَا فَلَا تَحِلُّ لَهُ مِنْ بَعْدُ حَتَّى تَنْكِحَ زَوْجًا غَيْرَهُ"[4].

ووجه الدلالة في هذه الأدلة: أن إضافة النكاح إلى النساء وكذا إضافة الفعل بالمعروف إليهن يدل على أنه يجوز لهن إبرام عقد الزواج لأنفسهنّ،ومن ملك عقد الزواج لنفسه ملكه لغيره ٠ ولما روي عن عبدالله بن بريدة، قال: جاءت فتاة إلى عائشة رضي الله عنها فقالت: إن أبي زوجني ابن أخيه ليرفع بي خسيسته، وإني كرهت ذلك ٠ فقالت عائشة رضي الله عنها: أقعدي حتى يأتي رسول الله محمد صلى الله عليه وسلم، فاذكري ذلك له، فجاء نبي الله محمد صلى الله عليه وسلم فذكرت ذلك له، فأرسل النبي محمد صلى الله عليه وسلمإلى أبيها، فلما جاء أبوها جعل أمرها إليها، فلما رأى أن الأمر قد آل إليها، قالت: إني قد أجزت ما صنع والدي إنما أردت أن أعلم، هل للنساء من الأمر شيء أم لا ؟"[5].

ومن المعقول أن الزواج خالص حق المرأة، وهي من أهل التصرف، فصح منها قياساً على البيع، شأنها في ذلك شأن الرجل البالغ العاقل ٠

وقد أخذ قانون الأحوال الشخصية الأردني بهذا الرأي، كما جاء في المادة (١٣) والمادة(٢٢) حيث أجازت المادة الأولى للثيب البالغة العاقلة تزويج نفسها دون موافقة وليها إذا كان عمرها ١٨ سنة فأكثر، وهو أعلى سن للبلوغ عند أبي

---

(1) أحكام الزواج في الشريعة الإسلامية،د٠محمد حسن أبو يحيى،ص ١٢٨،المركز العربي للخدمات الطلابية،١٩٩٨م
(2) سورة البقرة / ٢٣٢ ٠
(3) سورة البقرة / ٢٣٤ ٠
(4) سورة البقرة / ٢٣٠ ٠
(5) البيهقي في سننه الكبرى ١٩٠/٧ حديث (١٣٦٧٦)، كتاب النكاح، دار الكتب العلمية ٠

حنيفة، وأجازت المادة الثانية تزويج البكر البالغة العاقلة نفسها إذا جاوزت الثامنة عشرة من عمرها ... ".

ومما يدل على حق الرجل والمرأة في تكوين أسرة قوله تعالى: فَانْكِحُوا مَا طَابَ لَكُمْ مِنَ النِّسَاءِ"(٢). وقوله تعالى: وَمِنْ آيَاتِهِ أَنْ خَلَقَ لَكُمْ مِنْ أَنْفُسِكُمْ أَزْوَاجًا لِتَسْكُنُوا إِلَيْهَا وَجَعَلَ بَيْنَكُمْ مَوَدَّةً وَرَحْمَةً"(٣). وقوله محمد صلى الله عليه وسلم: "يا معشر الشباب من استطاع منكم الباءة، فليتزوج، فإنه أغض للبصر، وأحصن للفرج، ومن لم يستطع، فعليه بالصوم، فإنه له وجاء"(٤). أي وقاية وعلاج.

ولهذا حرم الإسلام تحديد النسل، لأنه يمنع الإنجاب مطلقاً، وهذا يتنافى مع الهدف من خلقه، وهو عبادة الله والمكاثرة من أجل عمارة الكون، وأجاز تنظيم النسل لمسوغات شرعية، وجعل الإسلام هذا الحق للرجال والنساء، وجعل اختيار ذلك قائماً على مبدأ التراضي.

حق حرية تكوين أسرة شرعية في القانون الدولي:

جاء في الوثائق العالمية الدولية فيما يتعلق بحق تكوين الأسرة ما يلي:(٥)

نص المادة السادسة عشرة من الإعلان العالمي لحقوق الإنسان:

(٢) سورة الروم / ٢١.

(٣) سورة النور / ٣٢.

(٤) أخرجه البخاري في صحيحه بشرح فتح الباري، ٨/٩، حديث(٥٠٦٥)، كتاب النكاح، باب قوله عليه السلام من استطاع منكم الباءة فليتزوج/ دار الريان للتراث،القاهرة، ط٢، ١٩٨٧م.

(٥) قانون حقوق الإنسان ص ٣٦٢، مرجع سابق. والقانون الدولي العام ص ٩٩٨، مرجع سابق.

٠١ " للرجل والمرأة متى بلغ سن الزواج حق التزويج وتأسيس أسرة دون أي قيد بسبب الجنس، أو الجنسية، أو الدين، ولهما حقوق متساوية عند الزواج وأثناء قيامه وعند انحلاله".

٠٢ " لا يبرم عقد الزواج إلاّ برضا الطرفين الراغبين في الزواج رضاء كاملاً لا إكراه فيه".

وقد أكدت على هذا الحق المادة ٢٣ من الاتفاقية الدولية الخاصة بالحقوق المدنية والسياسية.

ويتضح من هذا النص ما يلي:

أ – إن القانون الدولي يجعل للرجل والمرأة عند بلوغهما السن القانونية حق التزويج وتأسيس أسرة دون أي قيد بسبب الجنس والجنسية أو الدين

ب – إن هذا القانون يساوي بين الرجل والمرأة في الحقوق عند إنشاء الزواج وأثناء وجوده وقيامه وعند إنحلاله بطلاق ونحوه.

ج – إبرام عقد الزواج لا يكون إلا برضا الطرفين الراغبين في الزواج رضاً كاملاً بحيث لا يجوز إبرامه تحت وطأة الإكراه.

وبمقارنة هذه الحقوق التي جاء بها القانون الدولي مع ما ورد من حقوق بخصوص تكوين أسرة في الإسلام يتضح لنا ما يلي:

أ – اتفاق القانون الدولي مع الإسلام في الحقوق التالية المتعلقة بتكوين الأسرة:

٠١ إنشاء عقد الزواج لا يكون إلا برضا الزوج والزوجة، رضاً كاملاً ٠

٠٢ لا يصح عقد الزواج إذا وقع تحت وطأة الإكراه، سواء تعلق بالزوج أو بالزوجة.

٠٣ للرجل والمرأة عند بلوغهما السن القانونية الحق في تكوين أسرة شرعية عن طريق الزواج الشرعي.

ب - إن القانون الدولي يساوي بين الرجل والمرأة مساواة مطلقة في الحقوق عند إنشاء الزواج وأثناء قيامه ووجوده وعند انحلاله، لكن الإسلام لم يساو بينهما مساواة مطلقة في جميع الحقوق المتولدة من الزواج، وإنما ساوى بينهما في الحقوق المشتركة بين الزوجين، وعدل بينهما في الحقوق الأخرى، فبين حقوق الزوج على الزوجة باعتبار أن القوامة بيده، وبيّن حقوق الزوجة على الزوج، وهي الحقوق التي تحفظ كرامتها وإنسانيتها، ولم يساو بين الرجل والمرأة في الحقوق المتعلقة بانحلال الحياة الزوجية، إذْ جعل الطلاق بيد الرجل بمسوغات شرعية عندما تصبح الحياة جحيماً لا يطاق، وسمح للزوجة أن يكون الطلاق بيدها باتفاق الزوجين على رأي الحنفية، وأباح لها أن تنهي الحياة الزوجية بطريق الخلع وجعل الإسلام الإيلاء والظهار بمعلقاً على مشيئة الزوج.

ولا غرابة في الاختلاف في الحقوق في الإسلام عنها في القانون الدولي، لأن الحقوق في الإسلام مصدرها الخالق بينما الحقوق في القانون الدولي مصدرها المخلوق، والخالق أعلم من المخلوق.

٧ - حق حرية المسكن في الإسلام والقانون الدولي :

حق حرية المسكن في الإسلام[١]:

شرع الإسلام المسكن وجعله حقاً لكل إنسان، سواء أكان رجلاً أم امرأة، ليقيه حر الشمس وبرد الشتاء وليستره في الدنيا، وأوجب على المسلمين التكافل والتعاون لإيجاد هذا المسكن لمن لا يقدر عليه من الفقراء والمساكين، فمسؤولية تحقيق ذلك تقع على جماعة المسلمين والحاكم المسلم، ولا فرق بين مسلم وغير

(١) حقوق الإنسان، الشيشاني، ص ٣٩١ وما بعدها .

مسلم يسكن في ديار الإسلام ٠ ومسؤولية إيجاد سكن للمرأة إذا كان وليها غنياً يقع عليه سواء أكان زوجاً أم غير زوج، بل إن الإسلام قد جعله من لوازم النفقة، ونفقة المرأة ذات الزوج تقع على عاتقه، وإلاّ فعلى وليها الشرعي.

ولهذا المسكن أحكام في الإسلام، أهمها:

أ - حرمة المسكن:

أوجب الإسلام الاستئذان عند الدخول إلى بيوت الغير، قال تعالى: يَا أَيُّهَا الَّذِينَ آَمَنُوا لَا تَدْخُلُوا بُيُوتًا غَيْرَ بُيُوتِكُمْ حَتَّى تَسْتَأْنِسُوا وَتُسَلِّمُوا عَلَى أَهْلِهَا ذَلِكُمْ خَيْرٌ لَكُمْ لَعَلَّكُمْ تَذَكَّرُونَ (٢٧) فَإِنْ لَمْ تَجِدُوا فِيهَا أَحَدًا فَلَا تَدْخُلُوهَا حَتَّى يُؤْذَنَ لَكُمْ وَإِنْ قِيلَ لَكُمُ ارْجِعُوا فَارْجِعُوا هُوَ أَزْكَى لَكُمْ وَاللَّهُ بِمَا تَعْمَلُونَ عَلِيمٌ(٢٨) "[١]. **وقال تعالى:** يَا أَيُّهَا الَّذِينَ آَمَنُوا لِيَسْتَأْذِنْكُمُ الَّذِينَ مَلَكَتْ أَيْمَانُكُمْ وَالَّذِينَ لَمْ يَبْلُغُوا الْحُلُمَ مِنْكُمْ ثَلَاثَ مَرَّاتٍ مِنْ قَبْلِ صَلَاةِ الْفَجْرِ وَحِينَ تَضَعُونَ ثِيَابَكُمْ مِنَ الظَّهِيرَةِ وَمِنْ بَعْدِ صَلَاةِ الْعِشَاءِ ثَلَاثُ عَوْرَاتٍ لَكُمْ لَيْسَ عَلَيْكُمْ وَلَا عَلَيْهِمْ جُنَاحٌ بَعْدَهُنَّ طَوَّافُونَ عَلَيْكُمْ بَعْضُكُمْ عَلَى بَعْضٍ كَذَلِكَ يُبَيِّنُ اللَّهُ لَكُمُ الْآَيَاتِ وَاللَّهُ عَلِيمٌ حَكِيمٌ (٥٨) وَإِذَا بَلَغَ الْأَطْفَالُ مِنْكُمُ الْحُلُمَ فَلْيَسْتَأْذِنُوا كَمَا اسْتَأْذَنَ الَّذِينَ مِنْ قَبْلِهِمْ كَذَلِكَ يُبَيِّنُ اللَّهُ لَكُمْ آَيَاتِهِ وَاللَّهُ عَلِيمٌ حَكِيمٌ(٥٩) "[٢]. وقال عليه السلام:" إنما جعل الاستئذان من أجل البصر"[٣].

---

(١) سورة النور / ٢٧-٢٨ ٠

(٢) سورة النور / ٥٨ ٠

(٣) أخرجه البخاري في صحيحه بشرح فتح الباري ٢٦/١١ حديث(٦٢٤١) مرجع سابق ٠

كما حرّم التجسس على أصحاب المنازل والتلصص عليها: قال تعالى: وَلَا تَجَسَّسُوا وَلَا يَغْتَبْ بَعْضُكُمْ"[١]. وقال محمد صلى الله عليه وسلم:" لو أن امرئ طلع عليك، بغير إذن، فحذفته بحصاة، ففقأت عينه، لم يكن عليك جناح"[٢].

ب - حرمة الاستيلاء على مساكن الغير بدون حق:

كما حرم الإسلام الاستيلاء على مساكن الغير بدون وجه حق، واعتبر ذلك من قبيل الاعتداء على مال الغير، سواء أكان المعتدي حاكماً أم محكوماً، لقوله تعالى:" وَلَا تَعْتَدُوا إِنَّ اللَّهَ لَا يُحِبُّ الْمُعْتَدِينَ(١٩٠) "[٣].

وأما الاستيلاء على المساكن بحق لمصلحة عامة، كاستيلاء الحاكم على المساكن المملوكة للأفراد لأجل توسعة مسجد، أو إنشاء مستشفى، أو أي مرفق عام للمسلمين، فجائز بتعويض مجزئ للمصلحة العامة، والمصلحة العامة مقدمة على المصلحة الخاصة[٤].

ويجوز استثناء تقييد حرية المسكن تحقيقاً لمصلحة ودرءاً لمفسدة مثل طرد أو منع دخول من يشكل خطراً على دولة الإسلام من غير المسلمين.

---

(١) سورة الحجرات / ١٢ ٠

(٢) أخرجه البخاري في صحيحه بشرح فتح الباري ٥٣/١٢، حديث (٦٩٠٢) مرجع سابق ٠

(٣) سورة البقرة / ١٩٠ ٠

(٤)حقوق الإنسان، الشيشاني ص ٣٩١ وما بعدها ٠

حق حرية المسكن في القانون الدولي:[1]

جاء في الإعلان العالمي لحقوق الإنسان ما يلي:

نص المادة الخامسة والعشرين:" لكل شخص الحق في مستوى من المعيشة كاف للمحافظة على الصحة والرفاهية له ولأسرته، ويتضمن ذلك التغذية والملبس والمسكن والعناية الطبية ٠٠ الخ ونص المادة الثانية عشرة:" لا يكون أحد موضعاً لتدخل تعسفي في حياته الخاصة أو أسرته أو مسكنه، أو مراسلاته، أو لهجمات تتناول شرفه وسمعته، ولكل شخص الحق في حماية القانون من مثل هذا التدخل، أو تلك الهجمات "٠

ويفهم من نص هاتين المادتين ما يلي:

٠١ لكل شخص الحق في مسكن ليحافظ على مستوى من المعيشة تليق به.

٠٢ عدم مشروعية التدخل التعسفي في حياة الشخص الخاصة أو أسرته أو مسكنه، أو مراسلاته.

٠٣ عدم مشروعية الهجمات التي تمس شرف الشخص أو سمعته.

٠٤ لكل شخص حق حماية القانون من مثل هذا التدخل، أو تلك الهجمات

ويتضح من نص هاتين المادتين: أن القانون الدولي يتفق مع الإسلام في إقرار حق حرية المسكن وعدم الاعتداء عليه أو التدخل فيه والمحافظة على حرمة هذا المسكن.

٨- حق حرية السفر والانتقال والإقامة في الإسلام والقانون الدولي :

حق حرية السفر والانتقال والإقامة في الإسلام:[2]

أقر الإسلام حق حرية السفر للإنسان وانتقاله من مكان إلى آخر والإقامة فيه، للحاجة إلى التجارة والصناعة والزراعة والعلم والدعوة إلى الله تعالى والوفاء

---

(١) القانون الدولي العام، مرجع سابق ص ٩٩٧ -٩٩٨، ١٠٠٠

(٢) المرجع نفسه ص ٣٧٩ وما بعدها ٠

بالحقوق الأخرى ... ولا فرق بين رجل وامرأة في ذلك، إلا أن المـرأة المسـلمة لا يسمح لها بالسفر مسافات بعيدة بدون محرم خوفاً من الفتنة لأن المرأة تكون محـلاً للطمع من قبل الذين في قلوبهم مرض، ولهذا فهي في حاجة إلى من يدرأ عنها السوْء، وليس في هذا إهانة لكرامتها أو خدش لسمعتها، بل هذا إجـراء وقـائي يمنـع الاعتـداء على المرأة بالاغتصاب ونحوه كما يحدث في المجتمعات الغربية وغيرها ٠

وأما أدلة مشروعية السفر والانتقال في الإسلام فمنها:

قوله تعالى:" لَيْسَ عَلَيْكُمْ جُنَاحٌ أَنْ تَبْتَغُوا فَضْلًا مِنْ رَبِّكُمْ ج"[1].

وقوله تعالى:" فَإِذَا قُضِيَتِ الصَّلَاةُ فَانْتَشِرُوا فِي الْأَرْضِ وَابْتَغُوا مِنْ فَضْلِ اللَّهِ"[2]. وقوله تعالى:" هُوَ الَّذِي جَعَلَ لَكُمُ الْأَرْضَ ذَلُولًا فَامْشُوا فِي مَنَاكِبِهَا وَكُلُوا مِنْ رِزْقِهِ وَإِلَيْهِ النُّشُورُ"[3]. وقال عمر بن عبدالعزيز: "دعوا الناس تتجر بأموالهم في البر والبحر، ولا تحولوا بين عبادة اللـه، ومعايبشهم".

وحرية السفر والانتقال وإن كان حقاً للرجل والمرأة إلاّ أن هذا ليس على إطلاقه، بل مقيد بقيود تحقيقاً للمصلحة، كما لو انتشر المرض في بلاد، فيمنع الحاكم الناس الانتقال والسفر إليها خوفاً من الوقوع في المرض، وقد يقيده وفاء لعقوبة، كنفي شخص من بلد إلى بلد آخر عقوبة له، قال تعالى: "**أَوْ يُنْفَوْا مِنَ الْأَرْضِ**"[4]. وغير ذلك من القيود الشرعية التي يرتبها الحاكم المسلم تحقيقاً لمصلحة ظاهرة، أو درءاً لمفسدة غالبة.

---

(1) سورة البقرة / ١٩٨

(2) سورة الجمعة / ١٠ ٠

(3) سورة الملك / ١٥ ٠

(4) سورة المائدة / ٣٣ ٠

حق حرية السفر والانتقال والإقامة في القانون الدولي:[1]

جاء في الإعلان العالمي لحقوق الإنسان:

نص المادة الثالثة عشرة:

١٠ لكل فرد حرية التنقل واختيار محل إقامته داخل الدولة.

٢٠ يحق لكل فرد أن يغادر أية بلاد، بما في ذلك بلده، كما يحق له العودة إليها.

يتضح من نص هذه المادة ما يلي:

أ - حرية التنقل والسفر واختيار محل الإقامة حق لكل شخص رجلاً أم امرأة على حد سواء ٠

ب - لكل شخص (رجلاً كان أم امرأة)الحق في مغادرة أية بلاد بما في ذلك بلده، وإن العودة إليها حق من حقوقه ٠ وبمقارنة هذه الحقوق التي نص عليها القانون الدولي مع الحقوق التي جاء بها الإسلام والتي تتعلق بحق الانتقال والسفر والإقامة يتضح لنا ما يلي:

أ - يتفق القانون الدولي مع الإسلام في إقرار حق الانتقال والسفر والإقامة لكل رجل أو امرأة على حد سواء ٠

ب - لقد ساوى القانون الدولي بين الرجل والمرأة في هذه الحقوق مساواة مطلقة، بينما الإسلام لم يساو بينهما في ذلك مساواة مطلقة، وإنما جعل للرجل حرية الانتقال والسفر والإقامة في البلد الذي يرحل إليه في غير معصية الله تعالى، وأما المرأة فلم يجعل لها الحرية المطلقة في هذه الحقوق، بل جعل لها حق الانتقال والسفر والإقامة مع وليها منعاً من الفتنة. ولا يجوز لها الانتقال والسفر إلى بلد مسافة معينة لا يأمن عليها

(١) القانون الدولي العام،مرجع سابق ص ٩٩٨ ٠

من الفتنة، بلا محرم إلا إذا كان السفر للضرورة، كالعلاج وطلب العلم، ولم يوجد لها محرم، أو تعذر الذهاب معها لسبب ما.

والفارق بين الرجل والمرأة في هذه الحقوق، أن الرجل ليس محلاً للطمع من قبل الرجال الأجانب وأما المرأة تكون محلاً لذلك، وقد تدعوها غربتها إلى الانحراف، وقد يُعتدى على عرضها عن طريق الاغتصاب، والملاحظ أن حالات الاغتصاب تتعلق بالنساء لا بالرجال وإذا وقع اغتصاب رجل فهو شذوذ ونادر، والنادر لا حكم، وأما القانون الدولي،فلا يفرق بين الرجل والمرأة في هذه الحقوق، لأنه لا يُعير وزناً للفساد والأخلاقي وخاصة ما يتعلق بالزنا ومقدماته.

المبحث الثاني

حقوق المرأة الخاصة في الإسلام والقانون الدولي

أولاً: حقوق المرأة الخاصة في الإسلام:

١٠ حق المهر والمتعــة:

كرّم الإسلام المرأة بتشريع المهر وجعله حقاً على الزوج يجب الوفاء به، حسب الاتفاق بينهما، سواء أكان كثيراً أم قليلاً، وسواء أكان معجلاً أم مؤجلاً.

ولهذا المهر مسوغاته الشرعية، منها:

- بيان أهمية الزواج وخطورته وأنه يختلف عن بقية العقود الأخرى.
- تكريم الزوجة ورفع من شأنها ومكانتها في المجتمع الإسلامي.
- العمل على دوام الرابطة الزوجية ٠
- تذكير الرجل بالمسؤولية الملقاة على عاتقه وأن الحياة الزوجية قائمة على البذل والتضحية وتقديم النفيس من أجل الارتباط بالزوجة ٠

ومما يدل على وجوب المهر على الزوج في الإسلام وأنه حق من حقوقها الأساسية، أدلة كثيرة، منها: قوله تعالى:" وَآتُوا النِّسَاءَ صَدُقَاتِهِنَّ نِحْلَةً ۚ"[١]. أي عطية. وقوله تعالى:" وَأُحِلَّ لَكُمْ مَا وَرَاءَ ذَٰلِكُمْ أَنْ تَبْتَغُوا بِأَمْوَالِكُمْ مُحْصِنِينَ غَيْرَ مُسَافِحِينَ فَمَا اسْتَمْتَعْتُمْ بِهِ مِنْهُنَّ فَآتُوهُنَّ أُجُورَهُنَّ فَرِيضَةً"[٢]. وما روي عن أبي سعيد الخدري قال:" سألنا رسول الله محمد صلى الله عليه وسلم عن صداق النساء،

---

(١) سورة النساء / ٤ ٠

(٢) سورة النساء / ٢٤ ٠

فقال: هو ما اصطلح عليه أهلوهم"[١]. وما رواه أنس بن مالك أن النبي محمد صلى الله عليه وسلم:" اعتق صفية، وجعل عتقها صداقها"[٢].

وبهذا نعلم أن الإسلام قد كرّم المرأة المسلمة ما لم تكرمها التشريعات الوضعية وفي مقدمتها التشريعات الغربية التي جرت على أن المرأة هي التي تدفع ما يسمى بالدوطة (المهر).

كذلك كرمها بأن شرع لها حقاً آخر عند فراقها بإحسان تكريماً لها، وهو ما يسمى بالمتعة وهي اسم للمال الذي يجب على الزوج أن يدفعه لزوجته التي فارقها في حياته بطلاق ونحوه تعويضاً عن الضرر الذي لحقها، ولم تكن سبباً فيه[٣].

وهو واجب لكل امرأة مطلقة على القول الراجح. قال تعالى:" **لَا جُنَاحَ عَلَيْكُمْ إِنْ طَلَّقْتُمُ النِّسَاءَ مَا لَمْ تَمَسُّوهُنَّ أَوْ تَفْرِضُوا لَهُنَّ فَرِيضَةً وَمَتِّعُوهُنَّ عَلَى الْمُوسِعِ قَدَرُهُ وَعَلَى الْمُقْتِرِ قَدَرُهُ مَتَاعًا بِالْمَعْرُوفِ حَقًّا عَلَى الْمُحْسِنِينَ(٢٣٦** "[٤]. **وقال تعالى:" وَلِلْمُطَلَّقَاتِ مَتَاعٌ بِالْمَعْرُوفِ حَقًّا عَلَى الْمُتَّقِينَ(٢٤١)** "[٥]. وما روي عن مالك عن الزهري أنه قال:"لكل مطلقة متعة"[٦].

[١] أخرجه البيهقي في سننه الكبرى، ٢٣٩/٧، كتاب الصداق، باب ما يجوز أن يكون مهراً، دار الفكر .

[٢] أخرجه البخاري في صحيحه، بشرح فتح الباري ٣٢/٩ حديث (٥٠٨٦) كتاب النكاح، باب اتخاذ السراري ومن أعتق جارية، ثم تزوجها، ط٢،دار الريان للتراث، القاهرة .

[٣]الزواج في الشريعة الإسلامية،د.محمد حسن أبو يحيى،ص٣٢٣، المركز العربي للخدمات الطلابية ١٩٩٨م، عمان

[٤] سورة البقرة ٢٣٦.

[٥] سورة البقرة / ٢٤١.

[٦] الاستذكار الجامع لمذاهب فقهاء الأمصار وعلماء الأقطار فيما تضمنه الموطأ من معاني الرأي والآثار وشرح ذلك كله بإيجاز واختصار، تحقيق، عبد المعطي قلعة جي ٢٧٩/١٧ دار قتيبة، دمشق .

٢ - حق النفقة:

لقد كرّم الإسلام المرأة أيضاً عندما جعل نفقتها حقاً لها على زوجها، إن كانت ذات زوج وإلا فنفقتها على وليها الشرعي، وهو الأب أو من يقوم مقامه. وذلك حتى لا تضطر إلى العمل في الأماكن والأعمال التي لا تتفق مع أنوثتها مما يعرضها إلى الفساد الأخلاقي، كما هو موجود في المجتمعات الغربية.

وبهذا تختلف نظرة الإسلام عن نظرة القوانين الوضعية في المجتمعات الغربية التي ترى أن المرأة البالغة تنفق على نفسها، ولو كان وليها غنياً، ولهذا لا تجد مفراً من العمل تحت أي ظرف من الظروف. بخلاف الإسلام الذي يرى أن الزوجة تستحق النفقة على زوجها ولا تسقط بإعساره بل تبقى ديناً في ذمته تستوفي منه عند يساره ولا تسقط بمضي المدة بناء على القول الراجح لبعض الفقهاء المسلمين.

ومما يدل على وجوب نفقة الزوجة على زوجها وأنها حق شرعي عليه، في الإسلام أدلة،

منها:قوله تعالى: وَعَلَى الْمَوْلُودِ لَهُ رِزْقُهُنَّ وَكِسْوَتُهُنَّ بِالْمَعْرُوفِ ۚ"[١]. وقوله تعالى:"

لِيُنْفِقْ ذُو سَعَةٍ مِنْ سَعَتِهِ وَمَنْ قُدِرَ عَلَيْهِ رِزْقُهُ فَلْيُنْفِقْ مِمَّا آتَاهُ اللَّهُ ۚ "[٢]. وقوله تعالى:"

"وَعَاشِرُوهُنَّ بِالْمَعْرُوفِ ۚ "[٣]. ولا معروف بدون دفع النفقة للزوجة. وقوله عليه السلام:" خذي من ماله بالمعروف ما يكفيك، ويكفي بنيك"[٤] .

---

(١) سورة البقرة / ٢٣٣.

(٢) سورة الطلاق / ٧.

(٣) سورة النساء /١٩

(٤) أخرجه مسلم في صحيحه ٢٧٣/١٢، حديث (١٧١٤)، كتاب الأقضية، باب قضية هند.

والمراد بالنفقة في الإسلام: المأكل والمشرب والملبس وأدوات الزينة الشرعية إذا طلبها الزوج والمسكن وتكاليف العلاج وكذا الخادمة إذا كان الزوج ميسور الحال.

٠٣ حق الزيارة:

جعل الإسلام للمرأة حقاً شرعياً يتمثل في السماح للزوجة بزيارة الوالدين والمحارم وبقية الأقارب، لصلة الرحم التي أمر الله تعالى بها، وكذلك زيارة صديقاتها الثقات لإشاعة المودة والرحمة والألفة بينهن.

ومما يدل على ذلك:

قوله تعالى:" وَقَضَى رَبُّكَ أَلَّا تَعْبُدُوا إِلَّا إِيَّاهُ وَبِالْوَالِدَيْنِ إِحْسَانًا"[١]. ومن الإحسان إلى الوالدين زيارتهما وتفقد أحوالهما .

وقوله عليه السلام:"لا يدخل الجنة قاطع رحم"[٢]. وزيارة المحارم تحقق صلة الرحم

٠٤ حق العدل بين الزوجات عند التعدد:

أباح الإسلام تعدد الزوجية، وهو حق شرعي للرجل في حدود أربع نسوة[٣].

ومما يدل على ذلك:

قوله تعالى:" فَانْكِحُوا مَا طَابَ لَكُمْ مِنَ النِّسَاءِ مَثْنَى وَثُلَاثَ وَرُبَاعَ فَإِنْ خِفْتُمْ أَلَّا تَعْدِلُوا فَوَاحِدَةً أَوْ مَا مَلَكَتْ أَيْمَانُكُمْ ذَلِكَ أَدْنَى أَلَّا تَعُولُوا"[٤].

---

(١) سورة الإسراء /٢٣ ٠

(٢) أخرجه مسلم في صحيحه، كتاب البر ١٨،١٩، والإمام أحمد في مسنده، ٤٨٤/٢،و٨٣/٣،١٤و٣٩٩/٤ ٠

(٣) أحكام الزواج في الشريعة الإسلامية، د٠محمد حسن أبو يحيى ص ٣٧٤ وما بعدها، المكتب العربي للخدمات الطلابية، ١٩٩٨م٠

(٤) سورة النساء / ٣ ٠

وما روي أن غيلان بن سلمة الثقفي أسلم وتحته عشرة نسوة، فقال له النبي محمد صلى الله عليه وسلم: اختر منهن أربعاً"[1].

وما روي عن قيس بن الحارث أنه قال: أسلمت وعندي ثماني نسوة فذكرت ذلك للنبي محمد صلى الله عليه وسلم، فقال:" اختر منهن أربعاً"[2].

الإجماع: وقد انعقد على أنه يجوز للرجل المسلم أن يتزوج أكثر من واحدة وأنه لا يجوز له أن يجمع في عصمته أكثر من أربع نسوة[3]. ولأن الحاجة داعية أحياناً للتعدد.

ويشترط لجواز التعدد ما يلي:[4].

٠١ العدل بين الزوجات في المسكن والملبس والمأكل والمشرب والمبيت قال تعالى:" فَإِنْ خِفْتُمْ أَلَّا تَعْدِلُوا فَوَاحِدَةً أَوْ مَا مَلَكَتْ أَيْمَانُكُمْ ذَلِكَ أَدْنَى أَلَّا تَعُولُوا(٣) "[5].

٠٢ القدرة على النفقة، لأنه إن لم يقدر على الإنفاق على الزوجات في حالة التعدد وكذلك الإنفاق على الأبناء والبنات، يكون ظالماً والظلم محرم شرعاً.

٠٣ أن يكون الجمع بين من يجوز الجمع بينهن من النساء الأجنبيات، أو من يجوز الزواج بهن من القريبات، أما إذا كنّ ممن يحرم الجمع بينهنّ كالجمع

---

(1) أخرجه الإمام أحمد في مسنده مع الفتح الرباني ١٩٩/١٦،المكتب الإسلامي ٠

(2) أخرجه أبو داود في سننه ٦٧٧/٢ حديث ٢٢٤١ وابن ماجه في سننه حديث (١٩٥٢) ٠

(3) المغني لابن قدامة ٥٣٩/٦-٥٤٠، مكتبة الرياض الحديثة، الرياض، والجامع لأحكام القرآن للقرطبي ١٧/٥، دار الكاتب العربي، القاهرة، ١٣٨٧هـ- ١٩٦٧م. ونيل الأوطار للشوكاني ١٧٠/٦، مصطفى البابي الحلبي وأولاده، مصر.

(4) أحكام الزواج في الشريعة الإسلامية،د٠ محمد حسن أبو يحيى،ص٣٧٦-٣٧٧ ٠ مرجع سابق ٠

(5) سورة النساء / ٣ ٠

بين المرأة وأختها والعمة وخالتها فيحرم الجمع، قال تعالى: " وَأَنْ تَجْمَعُوا بَيْنَ الْأُخْتَيْنِ إِلَّا مَا قَدْ سَلَفَ"[1]. وقال محمد صلى الله عليه وسلم:" لا يجمع الرجل بين المرأة وعمتها، ولا بين المرأة وخالتها"[2].

ومما تقدم نعلم أن الإسلام قد أباح للرجل أن يعدد الزوجات ضمن الشروط السابقة ومنها العدل بينهن، ومن قبيل ذلك وجوب القسم بينهن، ومما يدل على ذلك[3]. قوله تعالى:" وَعَاشِرُوهُنَّ بِالْمَعْرُوفِ ج "[4]. والقسم بينهن في حالة التعدد يحقق ذلك، وهو المطلوب شرعاً. وقوله تعالى: " فَلَا تَمِيلُوا كُلَّ الْمَيْلِ فَتَذَرُوهَا كَالْمُعَلَّقَةِ ج "[5].

وما روي عن عائشة رضي الله عنها أن النبي محمد صلى الله عليه وسلم كان يقسم بين نسائه، فيعدل، ويقول: " اللهم هذه قسمتي فيما أملك، فلا تلمني فيما تملك ولا أملك"[6] وما روي عن أبي هريرة عن النبي محمد صلى الله عليه وسلم قال:" إذا كانت عند الرجل امرأتان، فلم يعدل بينهما، جاء يوم القيامة وشقه ساقط"[7].

ومن المعقول أن القسم بين الزوجات يحقق العدل بينهن وعدم مراعاته يحقق الظلم، والعدل مطلوب شرعاً والظلم مدفوع.

---

(1) سورة النساء / ٢٣ .

(2) أخرجه البخاري في صحيحه، كتاب النكاح، باب ٢٧ ومسلم في صحيحه، كتاب النكاح، حديث ٣٣ .

(3) أحكام الزواج في الشريعة الإسلامية، د. محمد حسن أبو يحيى ص ٣٧٧ - ٣٧٨ .

(٤) سورة النساء / ١٩ .

(5) سورة النساء ١٢٩ .

(6) أخرجه الترمذي في سننه ٤٤٦/٣، تحقيق: محمد فؤاد عبدالباقي، كتاب النكاح، (٩)، باب ما جاء في التسوية بين الضرائر، حديث (١١٤٠) وأبو داود في سننه ١٣٤/٢، وابن ماجه في سننه حديث(١٩٧١) والنسائي في سننه ٦٤/٧، كتاب عشرة النساء، ميل الرجل إلى بعض نسائه دون بعض.

(7) الإمام أحمد في مسنده ٣٤٧/٢ والترمذي في سننه ٤٤٧/٣، تحقيق: محمد فؤاد عبدالباقي، حديث (١١٤١)، باب ما جاء في التسوية بين الضرائر.

٥٠ حق الميراث:

أ - ميراث المرأة المسلمة ذات الزوج من زوجها:

الزواج الشرعي في الإسلام يرتب حقوقاً كثيرة منها ما هو مشترك بين الزوجين ومنها ما يخص كل زوج على حدة، ومن الحقوق المشتركة حق الميراث، وسببه عقد الزواج الصحيح، إذا لم يوجد مانع شرعي وتوافرت شروطه.

<u>حالات ميراث الزوج والزوجة:</u> [1]

للزوج حالتان في ميراث زوجته:

الحالة الأولى: يرث الزوج نصف التركة إذا لم يكن للزوجة ولد، أو بنت منه، أو من أي رجل آخر.

الحالة الثانية: يرث الزوج ربع التركة إذا كان للزوجة ولد أو بنت منه أو من أي رجل آخر.

<u>وللزوجة حالتان في ميراث زوجها:</u>

الحالة الأولى: ترث الزوجة ربع تركة زوجها إذا لم يكن له فرع وارث منها أو من أي امرأة أخرى.

الحالة الثانية: ترث الزوجة ثمن تركة زوجها، إذا كان له فرع وارث منها، أو من أي امرأة أخرى.

والمراد بالفرع الوارث: الابن وإن نزل وبنت الابن وإن نزلت، أي الابن وابن الابن ... الخ والبنت وبنت الابن الصلبي ... الخ .

وإذا كان للزوج أكثر من زوجة، فإنهن يشتركن في الربع أو الثمن المذكورين.

ودليل ثبوت نصيب الزوجين: قال الله تعالى:" وَلَكُمْ نِصْفُ مَا تَرَكَ أَزْوَاجُكُمْ إِنْ لَمْ يَكُنْ لَهُنَّ وَلَدٌ فَإِنْ كَانَ لَهُنَّ وَلَدٌ فَلَكُمُ الرُّبُعُ مِمَّا تَرَكْنَ مِنْ بَعْدِ وَصِيَّةٍ يُوصِينَ بِهَا أَوْ دَيْنٍ " [2].

---

(١) الميراث في الشريعة الإسلامية من الناحية الفقهية والتطبيقية د. محمد حسن أبو يحيى ص ٤٦، المركز العربي للخدمات الطلابية، ١٩٩٨م.

(٢) سورة النساء / ١٢ .

ب - ميراث المرأة المسلمة من غير زوجها:

ترث المرأة المسلمة من غير زوجها إذا تحقق سبب ذلك وهو القرابة وانتفت الموانع وتحققت شروط الإرث، ويمكن القول أن ميراث المرأة بشكل عام على النصف من ميراث الرجل قال اللـه تعالى في ميراث الأم والأب:" وَلِأَبَوَيْهِ لِكُلِّ وَاحِدٍ مِنْهُمَا السُّدُسُ مِمَّا تَرَكَ إِنْ كَانَ لَهُ وَلَدٌ فَإِنْ لَمْ يَكُنْ لَهُ وَلَدٌ وَوَرِثَهُ أَبَوَاهُ فَلِأُمِّهِ الثُّلُثُ فَإِنْ كَانَ لَهُ إِخْوَةٌ فَلِأُمِّهِ السُّدُسُ "[١]. **وقال اللـه تعالى في ميراث البنات:"** فَإِنْ كُنَّ نِسَاءً فَوْقَ اثْنَتَيْنِ فَلَهُنَّ ثُلُثَا مَا تَرَكَ وَإِنْ كَانَتْ وَاحِدَةً فَلَهَا النِّصْفُ "[٣]. **وقال تعالى:"** إِنِ امْرُؤٌ هَلَكَ لَيْسَ لَهُ وَلَدٌ وَلَهُ أُخْتٌ فَلَهَا نِصْفُ مَا تَرَكَ وَهُوَ يَرِثُهَا إِنْ لَمْ يَكُنْ لَهَا وَلَدٌ فَإِنْ كَانَتَا اثْنَتَيْنِ فَلَهُمَا الثُّلُثَانِ مِمَّا تَرَكَ وَإِنْ كَانُوا إِخْوَةً رِجَالًا وَنِسَاءً فَلِلذَّكَرِ مِثْلُ حَظِّ الْأُنْثَيَيْنِ "[٤].

وقال اللـه تعالى في ميراث بنات الابن:" يُوصِيكُمُ اللَّهُ فِي أَوْلَادِكُمْ لِلذَّكَرِ مِثْلُ حَظِّ الْأُنْثَيَيْنِ فَإِنْ كُنَّ نِسَاءً فَوْقَ اثْنَتَيْنِ فَلَهُنَّ ثُلُثَا مَا تَرَكَ وَإِنْ

---

(١) سورة النساء / ١١ .

(٣) سورة النساء / ١١ .

(٤) سورة النساء / ١٧٦ .

كَانَتْ وَاحِدَةً فَلَهَا النِّصْفُ" [1]. وما روي عن عبدالله بن مسعود أنه سئل عن ميراث ابنة، وابنة ابن وأخت، فقال: أقضي فيها بما قضى رسول الله محمد صلى الله عليه وسلم للابنة النصف، ولابنة الابن السدس تكملة للثلثين وما بقي فللأخت" [2].

وقال تعالى في ميراث الأخوات الشقيقات: " يَسْتَفْتُونَكَ قُلِ اللَّهُ يُفْتِيكُمْ فِي الْكَلَالَةِ إِنِ امْرُؤٌ هَلَكَ لَيْسَ لَهُ وَلَدٌ وَلَهُ أُخْتٌ فَلَهَا نِصْفُ مَا تَرَكَ وَهُوَ يَرِثُهَا إِنْ لَمْ يَكُنْ لَهَا وَلَدٌ فَإِنْ كَانَتَا اثْنَتَيْنِ فَلَهُمَا الثُّلُثَانِ مِمَّا تَرَكَ وَإِنْ كَانُوا إِخْوَةً رِجَالًا وَنِسَاءً فَلِلذَّكَرِ مِثْلُ حَظِّ الْأُنْثَيَيْنِ " [3].

وما روي عن ابن مسعود رضي الله عنه أنه قضى في ميراث ابنة وابنة ابن وأخت فقال: أقضي فيها بما قضى رسول الله محمد صلى الله عليه وسلم: للابنة النصف، ولابنة الابن السدس تكملة للثلث، وما بقي فللأخت" [4] تعصيباً مع الغير ٠

وقال تعالى في ميراث الأخوات لأب ما قاله تعالى في ميراث الأخوات الشقيقات، وقد تقدم آنفاً.

ودليل توريث الأخت الواحدة فأكثر إذا اجتمعن مع البنات الصلبيات أو بنات الأبناء وإن نزلوا، هو ما ثبت من قضاء رسول الله الآنف الذكر.

وقال تعالى في ميراث الأخوة والأخوات لأم:" وَإِنْ كَانَ رَجُلٌ يُورَثُ كَلَالَةً أَوِ امْرَأَةٌ وَلَهُ أَخٌ أَوْ أُخْتٌ فَلِكُلِّ وَاحِدٍ مِنْهُمَا السُّدُسُ فَإِنْ كَانُوا

(١) سورة النساء / ١١ ٠

(٢) أخرجه البخاري في صحيحه ٦/٨، كتاب الفرائض، باب ميراث ابنة ابن مع ابنة ٠

(٣) سورة النساء / ١٧٦ ٠

(٤) سبق تخريجه ٠

أَكْثَرَ مِنْ ذَلِكَ فَهُمْ شُرَكَاءُ فِي الثُّلُثِ مِنْ بَعْدِ وَصِيَّةٍ يُوصَى بِهَا أَوْ دَيْنٍ غَيْرَ مُضَارٍّ وَصِيَّةً مِنَ اللَّهِ وَاللَّهُ عَلِيمٌ حَلِيمٌ(١٢) "[١].

ثانيا: حقوق المرأة الخاصة في القانون الدولي:[٢]

نصت المادة السادسة عشرة من الإعلان العالمي لحقوق الإنسان على ما يلي:

فقرة (١) " للرجل والمرأة متى بلغا سن الزواج حق التزويج وتأسيس أسرة دون أي قيد بسبب الجنس أو الجنسية أو الدين، ولهما حقوق متساوية عند الزواج وأثناء قيامه وعند انحلاله.

يتضح من نص هذه المادة أن القانون الدولي قد ساوى بين حقوق الرجل والمرأة مساواة مطلقة عند إنشاء الزواج وأثناء قيامه، وعند انحلاله.

وبناء على ما تقدم ذكره من حقوق خاصة للمرأة في الإسلام سواء أكانت زوجة أم غير زوجة، لا نجد لها في القانون الدولي هذه الخصوصية، وبهذا يتميز الإسلام عن القانون الدولي في نظرته إلى حقوق المرأة المسلمة الخاصة، وإن هذه الخصوصية في الحقوق إنما شرعت من باب تكريم المرأة في الإسلام تكريماً يليق بكرامتها وإنسانيتها، وطبيعتها التي تختلف عن طبيعة الرجل، ومن باب مكانة المرأة في الإسلام بالمقارنة مع مكانتها في النظم غير الإسلامية.

هذا:- وإن الإسلام قد ساوى بين الرجال والنساء في حقوق كثيرة اقتضت طبيعتها المساواة فيها تحقيقاً للعدل.

---

(١) سورة النساء / ١٢ .

(٢) القانون الدولي العام، مرجع سابق ص ٩٩٨ .

وهناك حقوق أخرى لم يساو الإسلام فيها بينهم، كحق الميراث والمهر والنفقة وتعدد الزوجات، وإنما عدل فيها، ولو ساوى بينهم فيها لتحقق الظلم، والظلم مدفوع شرعاً.

والشارع أباح للرجل تعدد الزوجات لمسوغات شرعية ولم يبح ذلك للمرأة، والمساواة بين الرجال والنساء في ذلك منتفٍ عقلاً وشرعاً ولم يقل شخص عاقل بالمساواة بينهم في ذلك، ثم إن منع تعدد الزوجات للرجال له محاذيره الشرعية والعقلية.

الخاتمـــــــة

خلاصة بأهم النتائج التي توصلت إليها وهي:

أولاً: بخصوص حقوق المرأة العامة:

٠١ أقر الإسلام والقانون الدولي بحق المرأة في الحياة وحماية ما لها، كما أقر الإسلام بحقها في حماية عرضها وعقلها، بينما القانون الدولي لم يقر بهذه الحماية، إلا إذا جاء فعل ذلك بالإكراه.

ويختلف الإسلام عن القانون الدولي في الوسائل التي تتم بها المحافظة على حياة المرأة وعرضها وعقلها ومالها، فبينما تكون الوسائل التي جاء بها الإسلام للمحافظة على ذلك وسائل زاجرة، نجد أن الوسائل التي جاء بها القانون الدولي وسائل غير زاجرة، وقلما يجنح القانون الدولي إلى عقوبة الإعدام للمحافظة على حق حياة الإنسان.

٠٢ أقر الإسلام والقانون الدولي بحق المرأة في الحقوق التالية:

أ - حق احترام المرأة وحماية كرامتها الإنسانية.

ب - حق العدل والمساواة بين النساء والرجال.

مع ملاحظة أن القانون الدولي أقر بمبدأ المساواة المطلقة في الحقوق بينهم، بينما الإسلام، قد ساوى في الحقوق المعنوية، وعدل بينهم في الحقوق المادية.

ج - حق الانتخاب والنيابة.

والفارق بين النظامين: أن الإسلام ينظر إلى هذين الحقين نظرة النفور، بسبب أوضاع المرأة الاجتماعية، بينما القانون الدولي لا ينظر إلى مثل ذلك.

وبخصوص تولي رئاسة الدولة والوظائف العامة القيادية كالوزارات والإدارات والشركات والقضاء، فإن الإسلام لا يرى مشروعية تولي المرأة رئاسة الدولة اتفاقاً، وكذا الوظائف العامة القيادية على الصحيح والمعتمد عند العلماء المسلمين، نظراً لأوضاع المرأة الاجتماعية.

وبخصوص تولي المرأة سلطة القضاء، فيرى بعض العلماء المسلمين جواز توليها القضاء في المسائل المدنية (الأموال)، ومنهم أجاز لها ذلك في الحقوق كلها، ومنهم من رأى عدم مشروعية توليها ذلك،وأما الوظائف الأخرى العادية،فيجوز للمرأة توليها،شريطة أمن الفتنة.

بينما القانون الدولي أجاز لها ذلك كله ولا فرق بينها وبين الرجل في تولي الوظائف المذكورة،وغيرها من الوظائف العادية الأخرى.

د _ حق حرية العقيدة والعبادة.

هـ _ حق حرية التفكير والرأي والتعبير.

مع ملاحظة أن القانون الدولي قد أطلق للمرأة حرية العقيدة والعبادة والتفكير والرأي والتعبير، بينما الإسلام قد قيد هذه الحرية في حدود تعاليمه، فليس للمرأة في الإسلام أن ترتد عن دينها؛ لأن هذا يصطدم مع ما جاء به، ويجوز لغير المسلم حرية ذلك، باعتبار أن ملة غير الإسلام ملة واحدة، كذلك ليس للمرأة في الإسلام حرية التفكير والرأي والتعبير إلاّ في حدود ما رسمه الإسلام

و - حق حرية التعليم والتعلم.

ز - حق حرية العمل.

لكن الإسلام قيد عمل المرأة بقيود شرعية، واعتبر عملها في تربية الأبناء أهم من عملها خارج البيت، بينما القانون الدولي أطلق عمل المرأة ولم يقيده، كما أن الإسلام والقانون الدولي قد أقرا بحقوق العاملات.

ح - حق حرية تكوين أسرة قائمة على مبدأ الرضا في الزواج، وللمرأة في الإسلام والقانون الدولي حق اختيار الزوج، ولها الحق في عقد الزواج لنفسها ولغيرها في القانون الدولي وفي الإسلام على القول الراجح.

ك - حق حرية المسكن والمحافظة على أمنه.

و- حق حرية السفر والانتقال والإقامة مع المحرم.

وللعلم فإن الرجال والنساء يتساوون في الحقوق العامة في الإسلام والقانون الدولي، إلا ما استثني بنص خاص في الإسلام.

ثانياً: بخصوص حقوق المرأة الخاصة:

أقر الإسلام للمرأة بالحقوق التالية:

١. حق المهر والمتعة.

٢. حق النفقة.

٣. حق زيارة الأقارب.

٤. حق العدل بين الزوجات عند التعدد.

٥. حق الميراث.

وأما القانون الدولي فتختلف نظرته إلى هذه الحقوق، فبخصوص حق المرأة في المهر والمتعة، فيرى أنهما ليسا حقين لها وبخصوص حق زيارة الأقارب والميراث فيرى تساوي المرأة مع الرجل في هذين الحقين. وبخصوص حق العدل بين الزوجات، فالقانون الدولي لم ينص على مشروعية تعدد الزوجات، ولهذا لا نتصور الكلام في هذه المسألة عنده.

وآخر دعوانا أن الحمد لله رب العالمين والصلاة والسلام على أشرف المرسلين سيدنا محمد صلى الله عليه وعلى آله وسلم تسليماً كثيراً.

المصادر والمراجع

١- القرآن الكريم.

٢- الاستذكار الجامع لمذاهب فقهاء الأمصار وعلماء الأقطار فيما تضمنه الموطأ من معاني الرأي والآثار، أبو عمر يوسف بن عبدالله بن محمد بن عبدالبر النمري الأندلسي، (ت٤٦٣هـ-١٠٧٠م) تحقيق: عبدالمعطي قلعه جي، دار قتيبة، دمشق.

٣- أحكام الزواج في الشريعة الإسلامية، محمد حسن أبو يحيى، دارسة فقهية مقارنة بقانون الأحوال الشخصية الأردني، المركز العربي للخدمات الطلابية، عمان، الأردن، ١٩٩٨م.

٤- اقتصادنا في ضوء القرآن والسنة، محمد حسن أبو يحيى، دار عمار، عمان، الأردن.

٥- بدائع الصنائع في ترتيب الشرائع، علاء الدين أبو بكر بن مسعود الحنفي، (ت٥٨٧هـ-١١٩١م)، دار الكتاب العربي، ط٢، ١٤٠٢هـ ١٩٨٢م.

٦- بداية المجتهد ونهاية المقتصد، أبو الوليد محمد بن أحمد بن محمد بن أحمد بن رشد القرطبي، (٥٩٥هـ-١١٩٨م)، المكتبة التجارية الكبرى، مصر.

٧- تاريخ الطبري (أو تاريخ الأمم والملوك)، أبو جعفر محمد بن جرير الطبري، (ت٣١٠هـ-٩٢٢م)، دار الكتب العلمية، بيروت، ط١، ١٤٠٧هـ .

٨- التشريع الجنائي الإسلامي، عبدالقادر عوده، مؤسسة الرسالة، بيروت، ط١٣، ١٩٩٤م.

٩- الجامع لأحكام القرآن، أبو عبدالله محمد بن أحمد الأنصاري، (ت٦٧١هـ-١٢٧٢م)، دار الكاتب العربي، القاهرة، ١٣٨٧هـ - ١٩٦٧م.

١٠- الجامع الصغير، من أحاديث البشير النذير، جلال الدين عبدالرحمن السيوطي، (ت٩١١هـ-١٥٠٥م)، بشرح فيض القدير، عبدالرؤوف المناوي، (ت١٠٣١هـ-١٦٢١م)، دار الفكر، بيروت، ط٢، ١٩٧٢م.

١١- حاشية الدسوقي على الشرح الكبير، محمد بن عرفة، (ن١٢٣٠هـ-١٨١٤م)، والشرح الكبير لسيدي أحمد الدردير، (ت١٢٠١هـ-١٧٨٦م)، دار إحياء الكتب العربية، عيسى البابي الحلبي وشركاه، مصر.

١٢- حقوق الإنسان في نظر الشريعة الإسلامية، عبد السلام الترمانيني، دار الكتاب الجديد، بيروت، ط١، ١٩٧٦.

١٣- حقوق الإنسان وحرياته الأساسية في النظام الإسلامي والنظم المعاصرة، عبدالوهاب الشيشاني، مطابع الجمعية العلمية الملكية، ط١، ١٩٨٠م.

١٤- دور حرية الرأي في الوحدة الفكرية بين المسلمين، عبدالمجيد النجار، المعهد العالمي للفكر الإسلامي، سلسلة أبحاث علمية.
١٥- روضة القضاة، وطريق النجاة، أبو القاسم علي بن محمد بن أحمد السمناني الحنفي، (ت٤٩٩هـ-١١٠٥م)، مؤسسة الرسالة، بيروت، دار الفرقان، عمان، ط٢، ١٩٨٤م.
١٦- سنن ابن ماجه، أبو عبدالله محمد بن يزيد القزويني، (ت٢٧٥هـ-٨٨٨م)، المكتبة العلمية، بيروت.
١٧- سنن أبي داود، سليمان بن الأشعث السجستاني الأزدي، (ت٢٧٥هـ-٨٨٨م)، دار الحديث، بيروت، ومؤسسة الكتب الثقافية، ط١، ١٩٨٩م.
١٨- سنن الترمذي (الجامع الصحيح)، أبو عيسى محمد بن عيسى بن سورة، (ت٢٧٩هـ-٨٩٢م)، تحقيق: أحمد شاكر ومحمد فؤاد عبدالباقي وإبراهيم عطوه عوض، دار إحياء التراث العربي، بيروت.
١٩- سنن الدار قطني، علي بن عمر الدارقطني، (ت٣٨٥هـ-٩٩٥م)، دار المعرفة، بيروت، ١٩٦٦م.
٢٠- السنن الكبرى، أبو بكر أحمد بن الحسين بن علي البيهقي، (ت٤٥٨هـ-١٠٦٥م)، دار الكتب العلمية، بيروت.
٢١- سنن النسائي، أبو عبدالرحمن أحمد بن شعيب بن علي، (٣٠٣هـ-٩١٥م)، دار الجيل، بيروت، ١٩٨٧م.
٢٢- الشرح الكبير، أبو البركات سيدي أحمد الدردير، (١٢٠١هـ-١٧٨٦م)، مطبوع مع حاشية الدسوقي، محمد ابن عرفة، دار إحياء الكتب العربية، عيسى البابي الحلبي وشركاه، مصر.
٢٣- صحيح البخاري، أبو عبدالله محمد بن إسماعيل، (ت٢٥٦هـ-٨٦٩م)، دار الكتب العلمية، بيروت، ط١، ١٩٨٩م، ودار ابن كثير اليمامة، والأرقم، بيروت.
٢٤- صحيح مسلم، أبو الحسين بن الحجاج القشيري النيسابوري، (ت٢٦١هـ-٨٧٤م)، دار الخير، بيروت ودمشق، ط١.
٢٥- الطبراني، أبو القاسم سليمان بن أحمد بن أيوب، (ت٣٦٠هـ-٩٧٠م)، المعجم الكبير، مطبعة الزهراء الحديثة، ط٢، ومكتبة العلوم والحكمة، الموصل، ١٩٨٣م.
٢٦- الطبقات الكبرى، محمد بن سعد، (ت٢٣٠هـ-٨٤٤م)، دار صادر، بيروت.
٢٧- فتح الباري شرح صحيح البخاري، أبو الفضل أحمد بن علي بن حجر العسقلاني، (ت٨٥٢هـ-١٤٤٨م)، دار الريان للتراث، القاهرة، ط٢، ١٩٨٧م.
٢٨- فتح القدير شرح الهداية، كمال الدين محمد بن عبدالواحد بن الهمام، (ت٨٦١هـ-١٤٥٦م)، مكتبة ومطبعة مصطفى البابي الحلبي وأولاده، مصر، ١٣٨٩هـ - ١٩٧٠م.

٢٩- قانون حقوق الإنسان في الفكر الوضعي والشريعة الإسلامية، عبدالواحد محمد الفار، دار النهضة العربية، مطبعة جامعة القاهرة، ١٩٩١م.

٣٠- القانون الدولي العام، علي صادق أبو هيف، المعارف، الاسكندرية، ط١.

٣١- كنز العمال في سنن الأقوال والأفعال، علاء الدين علي بن حسام الدين الهندي، (ت٩٥٢هـ-١٥٤٥م)، مؤسسة الرسالة، ١٩٨٩م.

٣٢- المحلى بالآثار، أبو محمد علي بن أحمد بن سعيد، (ت٤٥٦هـ-١٠٦٤م)، تحقيق: لجنة إحياء التراث العربي، دار الآفاق الجديدة، بيروت.

٣٣- المرأة بين الفقه والقانون، مصطفى السباعي، المكتب الإسلامي، دمشق، ط٣.

٣٤- مسند الإمام أحمد بن حنبل، (ت٢٤١هـ-٨٥٥م)، دار صادر، بيروت، مؤسسة قرطبة، والمكتب الإسلامي، بيروت.

٣٥- مسند علي بن الجعد بن عبيد الهاشمي، (ت٢٣٠هـ-٨٤٤م)، مؤسسة نادر، ط١، ١٤١٠هـ - ١٩٩٠م.

٣٦- مصنف ابن أبي شيبة، أبو بكر عبدالله بن محمد الكوفي، (ت ٢٣٥هـ-٨٤٩م)، تحقيق: كمال يوسف الحوت، مكتبة الرشد، الرياض، ط١، ١٤٠٩هـ.

٣٧- مصنف عبدالرزاق، أبو بكر بن همام الصنعاني، (ت٢١١هـ-٨٢٦م)، تحقيق: حبيب الله الأعظمي، المجلس العلمي، ط٢، والمكتب الإسلامي، بيروت، ١٤٠٣هـ- ١٩٨٢م.

٣٨- المغني، عبدالله بن أحمد بن قدامة، (ت٦٢٠هـ-١٢٢٣م)، مكتبة الرياض، الرياض، السعودية.

٣٩- مناقب عمر بن الخطاب، أبو الفرج عبدالرحمن بن علي بن الجوزي، (ت٥٩٢هـ-١١٩٥م)، وقيل: (٥٩٧هـ-١٢٠٠م)، مكتبة الخانجي، القاهرة، ط١، ١٩٩٧م.

٤٠- مواهب الجليل شرح مختصر خليل، أبو عبدالله محمد بن عبدالرحمن المغربي المعروف بالحطاب، (ت ٩٥٤ هـ/ ١٥٤٧م)، ضبط وتخريج زكريا عميرات، دار عالم الكتب، الرياض، ١٤٢٣هـ- ٢٠٠٣م.

٤١- الميراث في الشريعة الإسلامية، من الناحية الفقهية والتطبيقية، محمد حسن أبو يحيى، المركز العربي للخدمات الطلابية، عمان، الأردن.

٤٢- نظرية الحكم القضائي في الشريعة والقانون، عبدالناصر أبو البصل، دار النفائس، عمان، ط١، ٢٠٠٠م.

٤٣- نهاية المحتاج إلى شرح المنهاج، محمد بن أبي العباس أحمد بن حمزة الرملي، (ت١٠٠٤هـ-١٥٩٥م)، مصطفى البابي الحلبي وأولاده، مصر، ١٣٨٦هـ - ١٩٦٧م.

٤٤- نيل الأوطار، شرح منتقى الأخبار من أحاديث سيد الأخيار، محمد بن علي بن محمد، (ت١٢٥٥هـ-١٨٣٩م)، مصطفى البابي الحلبي وأولاده، مصر.

٤٥-الهداية، شرح بداية المبتدى، برهان الدين علي بن أبي بكر المرغيناني، (ت ٥٩٣هـ-١١٩٦م)، مطبوعة مع فتح القدير شرح الهداية، كمال الدين محمد عبدالواحد بن الهمام، (ت٨٦١هـ-١٤٥٦م)، مكتبة ومطبعة مصطفى البابي الحلبي وأولاه، مصر، ١٣٨٩هـ - ١٩٧٠م.

فهرس المحتويات

صدر للمؤلف

أولاً : الأبحاث و الكتب المؤلفة بصفة منفردة.

١. أحكام الزواج في الشريعة الإسلامية، دراسة فقهية مقارنة بقانون الأحوال الشخصية الأردني.

٢. الاختلاف و أسبابه لدى علماء المذاهب الفقهية.

٣. أسباب الإرهاب.

٤. الاستدانة في الفقه الإسلامي.

٥. اقتصادنا في ضوء القرآن و السنة.

٦. أهداف التشريع الإسلامي.

٧. أهم قضايا المرأة المسلمة.

٨. التجديد في الفكر الإسلامي، مفهومه، أهميته، ضوابطه.

٩. حقوق الإنسان في الإسلام.

١٠. حقوق الجنين و الطفل في الإسلام و القانون الدولي.

١١. حقوق المرأة في الإسلام و القانون الدولي.

١٢. حقوق الميت و أحكامه في الإسلام.

١٣. حكم استمتاع الزوج بزوجته الحائض والنفساء والمستحاضة في الشريعة و الطب.

١٤. حكم التحكم في صفات الجنين في الشريعة الإسلامية.

١٥. حكم بيع الثمار و المحاصيل الزراعية قبل بدو صلاحها في الشريعة.

١٦. حكم دفع الصدقات إلى الأقارب في الشريعة.

١٧. حكم دفع الصدقات إلى الزوجين في الشريعة.

١٨. حكم دفع القيمة في الزكاة في الشريعة.

١٩. حكم زراعة الأعضاء و نقلها في الشريعة الإسلامية.

٢٠. حكم شهادة النساء في العقوبات.

٢١. حكم شهادة النساء في ما سوى العقوبات مما يطلع عليه الرجال غالباً.

٢٢. حكم شهادة النساء في ما يطلعن عليه غالباً.

٢٣. حكم مس القرآن الكريم و حمله و قراءته و كتابته للمحدث و الجنب و الحائض والمستحاضة في الشريعة.

٢٤. دواعي الدخول في الإسلام في العصر الحديث.

٢٥. دور الأسرة في منع الإعاقة و رعاية ذوي الاحتياجات الخاصة.

٢٦. الطب الوقائي من الحسد و علاجه.

٢٧. طهارة أصحاب الأعذار المرضية للصلاة في الشريعة.

٢٨. طهارة أصحاب الأعذار غير المرضية في الشريعة.

٢٩. فقه المعاوضات والمشاركات (تنسيقاً و توضيحاً) من كتاب الاختيار لتعليل المختار.

٣٠. القصاص في النفوس في الشريعة الإسلامية.

٣١. مفهوم الإرهاب.

٣٢. ملكية الأراضي إبّان الفتوحات الإسلامية.

٣٣. الميراث في الشريعة الإسلامية من الناحية الفقهية و التطبيقية.

٣٤. نظام الأراضي إبّان الفتوحات الإسلامية.

٣٥. نظام الأراضي في صدر الدولة الإسلامية.

ثانياً : الكتب المؤلفة المشتركة:

٣٦. الثقافة الإسلامية.

٣٧.الطهارة و العبادة (ثلاثة أجزاء).

٣٨.العلوم الشرعية(٢)، فقه المعاملات، الصف الثاني الثانوي الشرعي، وزارة التربية والتعليم- المملكة الأردنية الهاشمية.

٣٩. معاملات (١) جامعة القدس المفتوحة.

٤٠. نظام الإسلام.